U0058265

別用負面的心情，
看待負面的事情

凌越 編著

作家喬治‧桑曾說：

瞋怒的心情，經常會使小過變成大禍，
讓自己從有理變成無理

確實如此，千萬不要用負面的心情，去看待負面的事情。
無論面對多麼讓你憤怒、沮喪的事情，都必須切記，
先將自己的心情處理妥當以後，再去處理事情，
千萬別讓負面的情緒影響自己所做的任何判斷或決定，才不會事後懊悔不已。
為人處事最糟糕的狀況莫過於用情緒做決定，產生負面情緒之時，
不妨靜下心來用寬闊的心胸來看待，
如此才能從生活和工作中，看到開闊的前景。

別用負面的心情處理事情

只要能重建面對未來的自信，自然能看見心中的陽光，

不會因為一時低落的心情，做出影響人生的重大決定。

古希臘時代著名的哲學家、數學家畢達哥拉斯曾說：「做自己感情的奴隸，

比做暴君的奴僕更為不幸。」

確實如此，當一個人成了感情的奴隸，就會意氣用事，做出讓自己懊悔不已

的事情。無論面對多麼不愉快、多麼生氣的事情，都必須先將自己的心情處理妥

當，再用理智處理事情，千萬別用負面的心情處理事情。

做人最怕的莫過於用情緒來做決定，因為，許多簡單事情，往往會在我們滲

入情緒因素之後，變得棘手複雜。如果你想擁有一個豐富的人生，那麼就千萬別

讓自己的心情去決定事情。

消防隊員從火災現場救出一對孿生兄弟，他們的名字分別叫波恩和嘉林，是

這次災難中幸運存活的兩個人。

他們很快被送往醫院，雖然死裡逃生，大火卻也把他們燒得面目全非，來探

望的親友無不惋惜地說：「原本漂漂亮亮的兩個孩子，如今……唉！」

知道事實後，波恩整天對著醫生哭泣：「天哪！我變成這個模樣，以後怎麼

出去見人？還不如死了算了！」

悲觀的波恩對生活完全失去信心，嘉林卻和他完全相反，努力地勸著波恩：

「波恩，你仔細想想，這次大火只有我們得救啊！我們的生命不是更顯珍貴嗎？

好好活下去吧！別胡思亂想，別胡思亂想了！」

嘉林勸波恩別胡思亂想，但波恩始終解不開心裡的結。身體康復出院後，波

恩終於還是忍受不了世人的眼光，選擇結束自己的生命，離開人間，獨留嘉林一個人艱難地生存下去。

其實，嘉林並不如想像中堅強，但為了自己，也為了生命的真義，他咬緊牙關挺了過去：「是的，我的生命價值比誰都高！」

有一天，嘉林像往常一樣準備送貨到加州。這天下著大雨，路很滑，嘉林車子開得很慢，就在這個時候，他發現前方橋上站了一個人。

嘉林緊急煞車，下車趕到那個人的身邊，但是還沒來得及靠近，那個人便往下跳了。急於救人的嘉林想都沒想，也跟著跳下水，將那人救上岸。

被救起後，那個人哭喊著：「讓我走了吧！我不想活了……」

這個人瘋了似地大哭大叫，嘉林忍不住打了他一個巴掌，這個人才止住哭泣，默默地低下了頭。

嘉林拍了拍他的肩，半強迫地扶起他走向自己車內。回到車上，嘉林慢慢地安撫這個人，也耐心傾聽著他的心聲。

原來，他是某大公司的總經理，因為遇到了一件難解的事，一時解不開，便

想尋短。嘉林聽完他的故事後，便將自己的遭遇說給他聽，最終不忘分享他的體

會：「生命是這樣珍貴啊！」

總經理點了點頭，看來心中的結是解開了，他十分感激嘉林的幫助，便邀嘉

林與他一同共事。幾年之後，嘉林從一個積蓄不足萬元的小司機，忽然成為一個

擁有三億元資產的運輸公司老闆，後來更用賺來的錢修整好他的臉。

作家斯特恩曾經寫道：「痛苦與歡樂就像光明與黑暗互相交替，只有知道怎

樣使自己適應它們，跟它們和平共處，才懂得怎樣生活。」

每個人的生命歷程都會有幸福時光，也必定會有痛苦時刻，願意面對痛苦、

放下痛苦的人，才能擁有真正的幸福。如果老是用負面心情處理負面的事情，行

為便沒有自主權，最後只能無奈地受命運的宰割和擺佈。

不管遭遇什麼事情，都必須先處理自己的心情，再處理事情，千萬別讓心情

影響自己所做的任何判斷或決定。

在面對人生最艱難的那一刻，除了再給自己一次機會，試著再跨一步看看之

外，再也沒有其他的方法了，若是用負面的心情處理一切事情，只會帶給自己無

窮無盡的悔恨。

就像嘉林引導那位總經理一樣，不必說太多道理，更不需要給太多安慰和指

正，只需要提醒自己：「生命多麼可貴！」

這個道理很簡單，卻能發揮極大的力量，讓人冷靜下來仔細思索。只要重建

面對未來的自信和耐力，自然能看見心中的陽光，也看見自己一直持有的生命活

力，不會因為一時低落的心情，做出影響一生的重大決定。

出版序　別用負面的心情處理事情

生活中的快樂不是建立在物質的基礎上的。所以千萬記住，別讓你的慾望成為流浪漢的帽子了。

PART—1
痛苦，是因為不滿足

PART—2

放下懊悔，才有成功機會

現下要把握的還很多，我們該做的便是放下懊悔的心情，正面迎向未來，認真省思、修正自己的弱點，讓自己更積極地邁步向前。

PART—3

不要讓情緒影響前進的勇氣

無論目前陷在什麼樣的困境中，自然都會有一股力量支持你挺過去的。不因為受挫的情緒，影響自己前進的勇氣。

改變態度，就能跨出第一步

你的貴人就是你，你的救兵就是你，只要你願意跨出第一步，擺脫沉溺於失意落魄的心情，一定能擺脫眼前的困境。

PART—8

把握當下，才能創造未來

無論昨日成功或失敗，並無法預測你明天是成功還是失敗，因為生活只有當下，人生也只有現在和未來。

PART 1

痛苦，是因為不滿足

生活中的快樂不是建立在物質的基礎上的。

所以千萬記住，

別讓你的慾望成為流浪漢的帽子了。

改變心境，才可能改變人生

只有改變心境，才可能改變你的人生。所以，如果你想要改變自己某些不好的習慣，就必須發自內心的想要改變。

俗話說：「江山易改，本性難移」，足見一個人想要改變自己的本性，是一件很不容易的事。不過，改變自己雖然不是那麼容易，可是卻不能以此做為拒絕改變的藉口。

因為，這句話的意思不只是提醒你改變的困難，另一個更重要的意義是告訴你：真正的改變，是要從自己的內心做起，如果不從內心湧起想要改變自己的意願，那麼改變是不會成功的。

有一個人脾氣很暴躁，常常因此得罪別人而懊惱不已，一直想將這暴躁的壞脾氣改掉。後來，他決定好好修行，改變自己的脾氣，於是花了許多錢，蓋了一座廟宇，並且特地找人在廟門口，寫上「百忍寺」三個大字。

這個人為了顯示自己修行的誠心，每天都站在廟門口，一一向前來參拜的香客說明自己改過向善的心意。香客們聽了他的說明，都十分敬佩他用心良苦，也紛紛稱讚他改變自己的決心。

這一天早上，他一如往常站在廟門口，向香客們解釋他建造百忍寺的意義，其中一位年紀大的香客因為不認識字，而向這個修行者詢問牌匾上到底是寫些什麼。

修行者回答香客說：「牌匾上寫的三個字是百忍寺。」

香客沒聽清楚，於是再問了一次。這次，修行者的口氣開始有些不耐煩：「上面寫的是百忍寺。」

等到香客問第三次時，修行者已經按捺不住，很生氣地回答：「你是聾子啊？

跟你說上面寫的是百忍寺，你難道聽不懂嗎？」

香客聽了，笑著對修行者說：「你才不過說了三遍就忍受不了，還建什麼百

忍寺呢？」

很多人都知道改變的重要，也經常提醒自己放下以自我為中心的偏執與妄想，

但所謂的「改變」，最後卻和這則故事一樣，淪為自欺欺人的口號。

器量狹小的人暴躁易怒又缺乏遠見，凡事以自我為中心，只知拘泥於形式上

的虛榮，試圖以此爭取別人的認同。

我們應該提醒自己時時保持心境的平靜，不要讓急躁易怒的習性左右自己，

唯有如此，才能真正改變自己，讓自己受益無窮。

安禪何必須山水，滅卻心頭火自涼。

生活就是心靈的修煉場，我們所做的每一件事都是修行；想要改變自己，應

當從改變心境做做起，而不是築造虛華的水月道場。

只有真正想要改變心境，才可能改變你的人生。像故事中的修行者，即使花了一大筆錢建造寺廟，也只是做做表面功夫而已，並沒有改變他暴躁的脾氣。

如果你想要改變自己某些不好的習慣，就必須發自內心地改變，否則，只會淪為自欺欺人的笑話。

若是只注重表面的妝點，那沒過多久一定會故態復萌。

發洩情緒無法解決問題

要解決問題，只有將爭吵轉化成良性的溝通，當彼此心平
氣和了解問題的癥結所在之後，問題自然就可以圓滿解決。

很多人會將爭吵誤認為是溝通的一種方式，但是，其實兩者是完全不同的：

因為，溝通是為了更增進人與人之間的了解，至於爭吵不但只會讓人和人之間疏遠，甚至還會破壞彼此間的感情。

造成傷害，並不是溝通原本的用意。

王太太的婚姻非常幸福美滿，朋友們都很想知道她到底有什麼秘訣。

面對朋友的詢問，王太太笑著說：「其實也沒什麼，夫妻之間有爭吵是在所難免的，只要記住不要口出惡言，也不要太過情緒化就行了。」

王太太接著說，她的先生以前常常晚歸，這一點讓她很不高興，兩人曾經因為這件事吵了很多次架，她一直誤以為，夫妻之間的爭吵也是一種溝通的方式。

沒想到，她先生不但沒有因此改變，甚至還變本加厲地晚歸；她們夫妻之間的關係，也因為常常吵架的緣故，鬧到要離婚的地步。

後來，她發現吵架其實不等於溝通，因為她們的爭吵到最後，竟然演變成情緒的發洩，引發爭吵的原因反而模糊了。

於是，她決定冷靜下來好好思考。

冷靜下來後，她了解到自己不喜歡先生晚歸的理由，是因為擔心他的身體，既然如此，常常吵架對他的身體也不好啊。

想到這一點，她就決定改變方式，不再用激烈的方式表達自己的不滿，而改用溫和的態度陳述自己的意見。

她先生看到她的改變，也跟著改變了態度。

王太太說：「現在，就算我們兩人有意見不同的地方，也能以理性的方式溝通，不會像以前一樣，動不動就爭吵。如此一來，夫妻之間的感情就自然會變好。」

蘇格拉底曾說：「想左右天下的人，必須先左右自己。」

聰明的人不會動輒因為小事和別人發生爭執，也不會因為對方表現不如己意就暗自生悶氣；他們會控制自己的情緒，輕鬆地和對方溝通。

不論是朋友、家人或是夫妻，都會有爭吵的時候，可是，爭吵只是情緒的宣洩，不但不能解決問題，反而會進一步衍生出新的問題。

要解決問題，只有將爭吵轉化成良性的溝通，當彼此心平氣和地了解問題的癥結所在之後，問題自然就可以圓滿解決了。

學會放下，活在當下

聖嚴法師曾說過一段話：「當我們面對人生難題時，必須告訴自己去接受它、面對它、處理它，然後放下它。」

作家泰迪曾經這麼說：「過去一直去，未來一直來，你能把握的只有現在這一個剎那。」

我們經常提醒自己把握現在，但卻在不自覺之中讓自己活在過去和未來，因為「過去」和「未來」是我們不想面對現實的最佳「避風港」。

殊不知，只要學會放下過去和未來，我們就能坦然地面對不敢面對的現實，讓自己確確實實地活在當下。

你的想法，決定了你是否快樂。快樂的人並不是沒有憂愁煩惱，而是他們懂得放下，活在當下，即使遇到憂愁煩惱，仍然能保持快樂的心境。

一位精神科醫生有多年的臨床經驗，退休以後，結合畢生經驗撰寫出一本專門醫治心理疾病的書。

這本書中足足有一千多頁，對各種病情的描述和治療方法都極其詳盡，可說是一本心理疾病方面的百科全書。

一次，這位精神科醫師受邀到一所大學演講，演講會上，他拿出了這一本厚厚的著作說：「這本書有一千多頁，裡面有治療方法三千多種，藥物一千多樣，但概括而言，裡頭所有的內容其實只有四個字。」

說完，他在黑板上寫下了「如果，下次」四個字。

醫生說，造成自己精神消耗和折磨的無非是「如果」這兩個字，「如果我考不上大學」、「如果我沒有放棄她」、「如果我當年能多努力一點」……人們總

是想著「如果」，所以痛苦。

醫生接著說，醫治精神疾病的方法有數千種，但最終的辦法只有一種，就是把「如果」改成「下次」。「下次我有機會再去進修」、「下次我不會放棄所愛的人」、「下次我會多努力一點」……把消極的想法變為積極的心態，天下沒有治不好的心理病。

錢鍾書在《圍城》一書中曾提過一個十分有趣的故事。

他說，天下有兩種人，一種人是在一串葡萄到手後挑最好的部分先吃，另一種人則把最好的留在最後吃。但這兩種人都不會覺得快樂，先吃好葡萄的人認為剩下來的葡萄，每一顆都越來越差。另外一種人則認為他現在吃的每一顆都是不好的葡萄中最壞的那一顆。

錢鍾書解釋說，因為第一種人只有回憶，常用以前的東西來衡量現在，所以他們不快樂；第二種人剛好相反，總是用未來的東西衡量現在，所以同樣感到不

快樂。

為什麼不這樣想呢？我已經吃到了最好的葡萄，就算接下來的葡萄沒有從前好，又有什麼好後悔的？我留下的葡萄和以前相比，都是最棒的，未來只會比現在更好，為什麼要不開心呢？

人總是用過去、未來，和現在做比較，有了「比較」的心理，人就不會有快樂。因為眼前之物雖好，但還有更好的，人比人的結果只是氣死人。

有了「條件」的拘束，就不會有快樂。因為這個條件實現了，還會有下一個條件，太多的條件正是我們不快樂的原因。

聖嚴法師曾說過一段話：「當我們面對人生難題時，必須告訴自己去接受它、面對它、處理它，然後放下它。」

當我們面對不敢面對的問題，通常都會幫自己找一堆藉口加以逃避，但是逃避根本無法解決問題。

如果你想真正解決問題，就必須像聖嚴法師所說的，接受它、面對它、處理它，最後放下它，如此，才能真正活在當下，面對自己人生的每一刻。

單純的態度讓人人都幸福

能活在世上就是一件美好的事。少一點「用心」，多一點快樂，想要有幸福的人生，只要有一顆單純的心就能做到。

在憨憨兒的臉上，我們永遠看到愉快的笑容，即使外界質疑相關機構給予他們的薪水過低，是一種剝削的惡劣行為，但是對他們而言，身為一個「有用」的人，就是一件快樂的事。然而，他們可能從來不知道，他們憨直的笑容也是許多人快樂的來源。反觀那些智力正常發育的孩子們，卻缺少了這種無憂快樂的童年，成為所謂的「問題兒童」。

這些「問題兒童」不一定來自貧苦家庭，其中有許多是出自生活富足、衣食

無缺的中上階層。但是，不論是貧苦的「問題兒童」，還是富裕的「問題兒童」，在他們的心中都有著相同的感受——家中缺乏溫暖。

因為現代社會中龐大的生活壓力，使得許多父母忙得沒有心力和時間去親近、關愛孩子，而造就了許多憂愁的年輕臉龐。

一九二三年的冬天，在戴高樂擔任法國陸軍的少校營長時，第三個孩子出生了，但是，當時傳來的卻不是希望和歡樂的消息，而是一種無言的痛苦，因為新生的女兒安娜是個先天缺陷的低能兒。

望著這個不幸的孩子，戴高樂夫婦既悲傷又歉疚，從此他們在安娜身上傾注了加倍的關愛，要讓她感受到人間的溫暖。在兵營裡，戴高樂是不苟言笑、冷峻嚴肅的指揮官，但是回到家，一看見安娜單純的笑容，他就會忘掉自己刻意保持的嚴峻，像個孩子般唱歌、跳舞就為了逗安娜開心。

因為夫婦倆抱持著共同的心願——傾盡全力照顧安娜，也讓兩人的感情更加

親密。他們小心翼翼地保護著安娜，就怕自己在安娜之前離開人世，使她無所依靠。也由於安娜的殘疾，他們更加同情受疾病折磨的孩子，總是在忙碌之中抽空關懷他們。

一九四六年，戴高樂辭去了職務，開始著手寫回憶錄。在夫婦倆商量下，決定把回憶錄的大部分版稅作為殘疾兒童基金，基金會以安娜為名。他們還以基金會的名義設立兒童保育院，戴高樂夫婦感到十分寬慰，他們再也不用擔心自己死後沒有人可以照顧安娜，可以了無牽掛了。

兩年後，安娜因為肺炎離世，她的遺體安葬在寧靜的科隆貝教堂村。戴高樂握著他妻子的手在她的墓前傷心落淚，默哀了一陣以後，喃喃說道：「現在，她跟別人一樣了……」

戴高樂逝世後，人們依據他生前的願望，將墓地簡單地設在安娜的墓旁。從此，這位慈父日日夜夜守護著他的愛女。

如果家中有個「與眾不同」的孩子，通常會增加一對淚流滿面的父母，感嘆老天為何要給孩子和自己這樣的折磨。

的確，面對這樣的孩子，必須花費更多的心力來照顧。

但是，他們不見得就是「包袱」。只要過適當地引導，他們也有照顧自己生活起居的基本能力。而且，他們天生單純並且不受到世俗的影響，他們沒有心機、與世無爭，長保同樣的笑容，這不也是一種幸福嗎？

就如同工作時必須背負著沉重壓力的戴高樂，安娜的單純反而是他的快樂來源。面對女兒，他可以完全放鬆、真心相對。

人們都喜歡親近開朗、有溫度的笑臉。就像沐浴在和煦的陽光裡，可以讓人忘卻一整天的疲憊以及生活的煩惱。其實，如果能夠卸下臉上嚴苛的面具，換上一張笑容滿面的臉蛋，就能愉快過日子。

身為一個人，能活在世上就是一件美好的事。每天將愉快寫在臉上，少一點「用心」，多一點快樂，想要有幸福的人生，只要有一顆單純的心就能做到。

對自己誠實就不會被騙

是被騙，還是自欺，其實兩者之間的差異並不大，如果不是我們心中有了隱藏缺點的自欺，也不會被人們看見心中的弱點。

中國有句「利令智昏」的成語，意指我們的心被慾望佔滿時，不僅會喪失自己本該堅守的尺度，還會因為慾望的蒙蔽，失去了理性的判斷能力。

如果你不欺騙自己，就沒人能欺騙你。

走出人生泥淖的最好方法，就是「學會放下，活在當下」。

學會放下，你的內心就不會有過多煩惱與怨懟；活在當下，你的腦海就不會堆滿不切實際的妄想。

埃及的迪拉瑪被稱為一座魔鬼城，從比東法老到蘭塞法老的六百年間，只要走進小城的外地人全都被騙過。

史書記載，第一個來到這兒的是位阿拉伯商人，原本想來這裡買些銀器回去販賣，結果卻被一個帶路的小孩子騙走了腳上的皮靴。

還有一個來自大馬士革的旅行者，計劃到帝王谷尋寶，沒想到進城不到十五分鐘，就被一個吉普賽人將身上的財物騙個精光。甚至有位印度巫師，也無法逃過被騙的厄運，身上唯一的銅蛇管，也莫名其妙地被一名啞巴騙走。

對於這座魔鬼城也有著許多傳說。

有人說，迪拉瑪是上帝的獅子、水牛和天狼三顆星，在地球上投射點的中心，因為地理位置特殊，只要是外地人一走進這座城市便會頭昏腦轉。

此外，還有人說，埃及法老圖坦卡蒙曾經對此地下了咒語，為了避免外地人擾亂法老的安寧，他在入口處下了「讓你破財」的詛咒，仁慈地提醒人們別再靠

近帝王谷。

不過，這些傳說卻讓一位希臘哲學家破解。他在城裡住了一年，不僅頭腦相當清晰，而且隨身攜帶的東西一件也沒有少過。

這個消息後來傳到一位羅馬商人耳中。商人連忙四處找尋這位希臘哲學家，心想：「他一定知道破解法老咒語的辦法！」

但是，當羅馬商人找到哲學家的蹤跡時，卻已是一堆枯骨，原來哲學家早在五年前就已去世了。不過，哲學家的門生告訴他：「老師在臨終前，曾在摩西神廟的石壁上留下了一句話，那句話是他從埃及回來後寫上去的。」

於是，商人連忙來到神廟，仔細地凝視著石壁上的哲言：「當你對自己誠實的時候，世界上就沒人能欺騙得了你。」

在羅馬羊皮書裡寫著一句話：「一個人的智慧能制約另一個人的智慧！」是被騙，還是自欺，其實兩者之間的差異並不大，因為，如果不是我們心中

有了自我欺騙的念頭，也不會被人們看見心中的弱點。

「你能對自己誠實，那麼就沒有人欺騙得了你了！」

活在這個自滿於高科技的世代裡，不妨偶爾拿出塵封已久的前人哲思細心品讀，或許從前人的簡單領悟中，我們更能明白每件事的因果關係。

我們在發出抱怨和斥責聲時，不妨先自我省思，那麼就能清楚看見，真正下「詛咒」的人不是別人，而是我們自己。

珍惜現在，未來才不會後悔

既然過去已經無法挽回，未來又是不可預知，只有現在是你可以掌握的，那麼你只有珍惜現在，未來才不會後悔。

有一個人活在徬徨迷惘之中，於是前去找一位知名禪師尋求未來指引：「大師，您是一位得道的高僧。能不能請您能告訴我，我的將來會怎樣？」

禪師看了他一眼，淡淡地回答一句：「你將來一定會死。」

這段對話看起來雖然很可笑，但是，無可否認的，死亡卻是人人最後都必須面對的一個事實。

有許多人終其一生只顧著爭名奪利，卻忘記了不管自己怎麼汲汲營營，將來

總有一天會在這世上消失。

等到生命走到了盡頭，才開始驚覺到原來自己還有那麼多重要的事沒有經歷，

可惜為時已晚。

某個企業大老闆到醫院去做健康檢查，過了幾天，醫生告訴他，他得了癌症，

只剩下三個月的生命。

他聽完醫生的診斷之後，整個人彷彿掉入了無底深淵一般，隨即推掉了一切

應酬，待在家裡陪伴家人，這才發覺原來家是這麼溫暖，為什麼他以前都沒有感

覺到？

從此以後，他不再只專注在事業上，他看到原來世界真的很美，很廣闊，後

悔自己以前從來沒有用心生活過！於是，他決定好好運用僅剩的三個月，讓它成

為自己生命中最美好、最充實的時光。

三個月過去了，他接到醫院通知，才知道他根本就沒有得到癌症，而是報告

出了錯誤。這個大老闆聽了非常生氣，氣沖沖跑去醫院質問醫生：「你為什麼騙我，說我只能活三個月？」

醫生不斷向他道歉，可是大老闆仍然不能諒解。最後，醫生無可奈何地說：

「我很抱歉，因為檢查的錯誤造成你的困擾，讓你以為自己只能活三個月。可是我請問你，你又如何保證自己還能活多久呢？」

確實，處在這個混亂又天災地變不斷的時代，誰也無法保證自己可以活多久，唯一能做的便是：珍惜現在，不讓自己後悔。

法國作家莫泊桑在《橄欖田》裡寫道：「人生森林裡的迷人歧路，原是由人類的本能和嗜好，以及慾望所造成的。」

如果你不想成為人生旅程中的歧路亡羊，那麼就有必要提醒自己不要太急躁，不要太急功近利。

當生命如輕柔滑順的樂章，自然會使人們覺得歡欣。但是，真正有價值的人，

卻是在逆境中還能保持微笑的人。

一個能夠在行事不順時還帶著笑生活的人，要比那些處於困境時便瀕臨崩潰的人還懂得生命的價值和意義。

當一切事情都與自己的心願相違，還能保持平常心面對的人，其實就已經具備了非凡的特質，因為，這不是一般人所能做到的。

許多人無法活出生命的價值和熱情，原因往往在於他們只注重物質生活，忽略了精神層次的美好，遭遇失敗之後就成了沮喪情緒的俘虜。

禪宗強調：「生命只在呼吸間。」

因為生命是有限的，所以才能顯示出它的珍貴。

生命的長度和深度都由自己決定。沒有人能告訴你該怎麼運用你的生命，只能告訴你：學會放下，活在當下。

既然過去已經無法挽回，未來又是不可預知，只有現在是你可以掌握的，那麼，你只有珍惜現在，未來才不會後悔。

痛苦，是因為不滿足

生活中的快樂不是建立在物質的基礎上的。所以千萬記住，
別讓你的慾望成為流浪漢的帽子了。

許多人費盡心機追求身外之物，想要讓自己過得幸福快樂，但是到最後卻總是得不到快樂和幸福。

這是因為這些人不懂得知足，一味地以為擁有的金錢、權力越多或地位越高就會快樂。殊不知，即使他們擁有了這些東西，也會因為不懂得知足，而使原本到手的東西丟失，結果卻還是落得一場空。

傳說某個深山部落附近有座寶山，山上有一個神奇的山洞，山洞裡面的寶藏多到讓人終生享用不盡。但是，這個寶山的山洞一百年才會打開一次，而且每次只打開十五分鐘。雖然很多人都知道這個傳說，可是卻沒有人確實知道這個山洞在哪裡，以及山洞開啟的正確時間。

這一天，有一個四處流浪的流浪漢無意間經過這座寶山，很湊巧，經過的時候，正好是百年難得一見的山洞開啟的日子。

這個流浪漢在山洞外面看到裡頭數不清的金銀珠寶，眼睛都直了！他非常興奮地跑進山洞，將看到的金銀珠寶拼命裝滿身上所有的袋子。

由於山洞的門隨時會關上，所以他的動作非常迅速。當他身上所有的袋子全都裝滿了珠寶，再也沒有多餘的空間，這才依依不捨地走出山洞。

沒想到出來之後，才發現自己太過於興奮，把帽子遺忘在山洞裡了。於是這個流浪漢趕緊將裝滿金銀珠寶的袋子留在外面，快速衝進去洞裡拿帽子。

可惜，他剛進入山洞之後，山洞關閉的時間就到了，他永遠被關在山洞裡，再也出不來了。後來，幾個住在附近的居民經過山洞，發現流浪漢留在外面的寶藏，認為是上天賜給他們的，就全部帶回村莊，和所有的村民一起分享這些天上掉下來的財富。

古羅馬作家小塞涅卡曾經說過：「如果一個人不知道他要駛向哪個碼頭，那麼任何風向都不會是順風。」

相同的道理，如果一個人不知道自己的真正目標，那麼，不論如何鑽營，都無法找到自己想要的，當然也無法享受生活。

現代人事事講求效益，但是卻往往流於錙銖必較，把時間精力消耗無關緊要的芝麻細事上，還為了這種行為沾沾自喜。

現代人之所以會形成這種本末倒置的錯誤觀念，根本的原因就像故事中的流浪漢一樣貪得無饜，只要看得到的東西都想抓住。

生活中的快樂並不是建立在物質上的獲得，遺憾的是，我們的痛苦卻往往來

自物質慾望的不滿足。

故事中的流浪漢在山洞裡拿到的金銀珠寶，足夠他買千千萬萬頂相同的帽子，

但是，他並沒有意識到這一點，仍然執意要回去拿他的帽子。太貪心的結果，是

失去原本到手的財富，而且被困在暗無天日的山洞裡。

這個流浪漢很笨，但是，你真的比他聰明嗎？

記住，該放下的時候就放下，千萬別讓你的慾望成為流浪漢的帽子了。

別人禮遇的，只是你的頭銜

沒有永遠存在的權力，與其緊抓著頭銜不放，倒不如好好地修養自己；如此一來，你能得到的，會遠比頭銜給你的還要多。

現實生活中，有很多人因為自己的頭銜很高，就因此而目中無人，以為每個人對他的禮遇和尊重是理所當然的，可是一旦卸下了這個頭銜，以往的尊重和禮遇就全都不見了。

這時，他們才落寞地發覺，別人真正尊重的，其實只不過是他的頭銜而已，並不是他本身。你也曾經有過這樣的失落嗎？

古時候有一位大將軍，因為替朝廷立了許多戰功，非常受皇帝倚重、信任，權勢也很大。

在他八十大壽的時候，家人特地邀請了許多賓客一起為他祝賀。壽筵上，有人問大將軍說：「請問將軍，在您這一生當中，有沒有最值得回憶的事？」

所有的賓客都以為，大將軍會將某一場功勳卓著的戰役視為一生中最值得回憶的事。沒想到，大將軍思索了一會，卻回答說：「我這一生最值得紀念的一件事，應該是有一年的午後，我穿著便服外出散步，走到橋頭的時候，遇到了一個小女孩。」

賓客們聽到這裡，紛紛猜測接下來一定會有出人意表的發展，並且認為那個小女孩絕對不是普通的人物，不然怎麼會讓這位威震天下的大將軍留下那麼深刻的記憶？

聽了賓客們的猜測，大將軍笑著搖搖頭說：「你們都猜錯了，她不過是一個

普通人家的小女孩而已。」

大家聽了更好奇了，心裡納悶著一個普通人家的小女孩，怎麼能令大將軍如此記憶猶新呢？

大將軍慢慢說道：「這個小女孩只不過是希望我帶著她過橋而已。」

看見賓客們一頭霧水的樣子，大將軍對賓客們解釋：「當我穿著將軍的官服時，每個人都對我畢恭畢敬，不論走到哪裡，大家都對我百般禮遇。可是那一天，我就像個普通百姓一般，穿著尋常的便服，走到人來人往的橋頭，那個小女孩還是選擇了我帶她過橋。這表示，就算我不是大將軍，仍然能夠得到別人的信任，這是我終生引以為傲的一件事！」

如果每個人都能夠放下自己矜持的身段，用平常心對待周圍的人，毫無疑問的，這個世界一定會變得更美好。

日常生活中，設身處地為對方著想，用適合的方式對待，如此一來，我們才

能讓對方感受得到善意，也才能讓彼此的關係更和諧。

不管是多威風的排場，多顯赫的頭銜，總有一天會因為時間的變化而褪色，因為使頭銜發光發亮的是別人，最後使它褪色的也是別人。

由歷史上的種種例子，我們可以得知，世界上沒有永遠存在的權力，人生舞台上也沒有永不退場的演員。與其緊抓著頭銜不放，或者試圖透過頭銜贏得別人敬重，倒不如好好修養自己；如此一來，你能得到的，會遠比頭銜給你的還要多。

太過偏執，會看不清事情的眞面目

偏執使人盲目，使人看不清事情的眞面目。做任何事情，

過與不及都不是好事，應該用心靈的眼睛觀照週遭。

執著是成功的必備要素，但若是太過於執著，心中就會形成強烈的執念，反而會造成失敗。

因爲，人要是太過執著，就會變成固執，在問題發生的時候，看不清楚問題的癥結，也會在應該斷然做決定的時候，錯過當機立斷的時機，成爲失敗的重要原因。

有一個人是非常虔誠的佛教徒，有一次費盡千辛萬苦，找到一位隱居在深山中的禪師，問他：「請問大師，到底什麼是佛？」

禪師笑著回答：「你就是佛。」

那個人聽了禪師的話，大吃一驚：「我只是一個凡夫俗子而已，怎麼敢認為自己是佛呢？」

禪師娓娓向他解釋說：「你會有這種想法，是因為你有一個『我』的觀念從中作梗。既然有了『我』的存在，就跳脫不了『我執』，就不能超越自己，所以你不知自己就是佛。」

那個人聽了禪師的解釋似懂非懂，又問：「既然如此，那麼請問大師，您呢？您是不是佛？」

禪師聽了，原本慈祥的笑容轉為嚴肅，說道：「施主，你為什麼要那麼偏執呢？有了『我』的觀念就已經不是佛了，現在又加上了一個『你』，那不是離佛

更遠了嗎？」

人生最大的困境，就在於我們不願放下那些困住自己的偏執。

該放下的時候就放下，加諸於我們身上的那些枷鎖，如果不能用積極快樂的心情解開，就會動輒和自己嘔氣，漸漸遠離原本屬於自己的幸福人生。

偏執使人盲目，使人看不清事情的眞面目。

做任何事情，過與不及都不是好事。從這個角度而言，「學會放下，活在當下」不但適用於個人的修養，也是現代社會很好的處世哲學。

做人做事應該用心靈的眼睛觀照週遭，如果能先跳脫出「我執」的觀念，那麼更開闊的人生前景也就指日可待了。

別讓惱人的記憶緊緊纏著你

趕快把生命流程中某個瞬間發生的過錯忘掉吧！如果你不能釋懷，那麼這些令人懊惱的記憶，就會緊緊纏繞著你，一起走進你的未來。

人總是比較容易記住不愉快的事情，對於快樂的事情反而忘得比較快，加上現代人的生活壓力越來越大，所以不快樂的人也就越來越多了。

要改變這種情況，其實並不難，只要將快樂的記憶時間拉長，縮短不愉快的記憶時間，久而久之，你的生命就會洋溢著快樂與和諧。

有一對白髮蒼蒼的老夫婦，每天早上總是會手牽著手，一起在住家附近的公園散步，他們已經這樣散步了快五十年。

這一天，是他們兩人結婚五十週年的日子，老先生還是一樣牽著老太太的手，在公園裡散步。

走著走著，老先生突然放慢腳步，緩緩地對老太太說：「有一件事我藏在心裡很久了，一直想告訴妳，卻不敢說出口。」

「你有什麼事想說？」老太太很疑惑地問。

老先生深吸了一口氣，接著說道：「二十年前，同樣在這個地方，我曾經牽過另外一個女人的手，但是，當時我只牽了五分鐘而已。雖然只有短短五分鐘，事後我還是一直覺得很後悔，一直到現在，回想起來，我對妳還是覺得很抱歉。」

老先生很快把話說完，不知道老太太會有什麼反應，覺得很緊張。

沒想到，老太太卻笑著說：「我還以為是什麼大不了的事呢！趕快把那五分鐘的不愉快忘掉吧！對我來說，跟我們五十年幸福的婚姻比起來，那五分鐘根本不算什麼啊！」

五分鐘和五十年，哪一個時間比較長？

這是連小孩子都能回答出來的問題，可是對於故事裡的老先生而言，因為放

不下，他的五分鐘卻遠遠超過五十年的時間。

老先生由於內疚，只記得五分鐘的錯誤和後悔，因此忽略了他和他太太之間

漫長而美好的五十年的歲月。

你是不是也跟故事中的老先生一樣，只記得五分鐘，而忘了五十年？

趕快把生命流程中某個瞬間發生的過錯忘掉吧！如果你不能釋懷，那麼這些

令人懊惱的記憶，就會緊緊纏繞著你，一起走進你的未來。

PART 2

放下懊悔，才有成功機會

現下要把握的還很多，
我們該做的便是放下懊悔的心情，
正面迎向未來，
認真省思、修正自己的弱點，
讓自己更積極地邁步向前。

放下壞情緒，就能找到出路

只要在人生的道路上，懂得放下苦悶的心情，願意冷靜下來轉念想想，生活自然越走越充滿希望活力。

無論是工作或是生活本身都是極純粹的，之所以充滿困厄、煩惱、計較和不滿，全是自己造成的。不少人因為對生活抱持悲觀的想法，總偏著頭「構思」生活該是悲傷、困厄和煩悶，所以就得出眼前的悲慘生活！

眼前困頓、愁苦的心情都是自己編造的，怨不得別人。如果你一點也不想過這樣的生活，現在就把心念調整，讓腦袋時時充滿趣味的生活畫面，也時時用喜樂的心情帶動自己的人生觀感。

如此一來，眼前的生活對你而言，即便是困境，走著走著也朝向順境，艱辛揮汗時也會露出歡欣笑容。

「師父啊！我們現在待的這間公司一點也不懂得用人，我們兩個人又老被同事欺負，唉，您知道我們有多痛苦嗎？我們是不是該辭掉這份工作呢？請您給我們一點指點吧！」兩位信徒向老師父問了同樣的問題。

兩個人安靜地等著老師父開示，老師父卻緊閉著眼睛，一句話也不說，等了老半天，才簡單地給他們六個字：「不過是一碗飯！」然後便揮了揮手，示意他們離開。

這答案十分含糊，但是看到老師父不想多說，他們只得各自回家領悟。

幾天之後，兩個人分別得出了結果，其中一個人遞了辭呈，返家種田，另一個則決定待在公司苦熬。

轉眼十年過去了，回家種田的信徒，以現代化的技巧經營農業，積極將品種

改良，並以商業化的行銷方式推廣自家的產品，終於受到人們肯定，還成了當地的農業專家。至於另一個留在公司的信徒，情況也不錯的，他忍住脾氣，努力學習，慢慢受到公司器重，最終坐上了經理的位子。

這天，兩個人再次遇上，農業專家對著經理說：「老師父給了我們同樣的六個字，其實我一聽就懂了。不過是一碗飯嘛！何必苦困難過？轉念一想，便覺得不必勉強自己待在那裡，於是我便辭職了。」

經理點了點頭，表示肯定，這時農業專家卻反問他：「怎麼你為何沒聽老師父的話呢？」

「我聽了啊！師父說『不過是一碗飯』，不必生氣，不必埋怨！轉念一想，不過混碗飯吃嘛！老闆說什麼就是什麼，然後我便不再賭氣，不再計較，事情不就解決了？」經理笑著說。

專家一聽，也肯定地點了點頭，於是兩個人相約一同去看老師父，當他們向老師父提起這件事時，依然等了半天才得到老師父回應，也依然只得六個字：「不過是一念間！」

作家喬治・桑曾經說：「瞋怒的心情，經常會使小過變成大禍，讓自己從有理變成無理。」

確實如此，心情好壞往往決定事情成敗，無論面對任何事情，必須切記先將自己的心情處理安當以後，再處理事情，千萬別讓心情影響自己所做的任何判斷或決定，才不會造成事後懊悔不已。

對你來說，眼前橫擺的，真的只是「一碗飯」的問題嗎？還是有著其他更讓你困惑為難的問題？

生活、工作中，無論遇到什麼情況，重點其實不在那一碗飯的考量上，而是老師父的最後一句話：「不過一念間！」

無論是遇到困難，還是人事紛爭，想走出難關，想遠離是是非非，一切關鍵便在於我們的「一念」，只要能時刻往正面方向思考，眼前的是是非非便成了無聊小事，轉念便忘。

至於遇到的困難，心念一轉，便也成了生活中最美妙的插曲，也成了我們精

采生活的最佳題材。

雖然農業專家和經理得出的結果不同，但是他們的那一念間，卻有著共通的

體悟：「一切關鍵都在於自己，問題的癥結在於多數人只知道抱怨，卻始終未能自

省；只要敞開胸懷，就能勇敢面對生活中的一切困厄和不順。」

想填飽肚子不難，只要在人生的道路上，懂得放下苦悶、怨恨的心情，願意

冷靜下來轉念想想，生活自然會在每一次轉念後，找到新的出路，並且在人生道

路上越走越順暢暢快樂，也越走越充滿希望活力。

替自己的人生調出快樂的顏色

無論世界怎麼變化，社會如何現實殘酷，只要不迷失自我，不放縱情緒，能自信展現自己，自然能帶動身邊的人們充滿希望活力。

習慣埋怨環境差的人，其實所有怨懟都是對著自己而發的，看似責怪世界社會的不公，實則隱著對自己不足的煩惱和不滿。

每個人所擁有的環境原本都是塊淨白無瑕的紙張，世界該是怎樣的面貌，自己想有個什麼樣的社會環境，全看自己怎麼執筆彩繪。

想有個歡樂氣氛的世界，就跟著你的想望去調色，然後世界自然會展現出你想要的繽紛色彩。

一個十六歲的少年向一位長者問道：「請問，我要怎麼才能成為一個自己快樂之外，還能帶給別人快樂的人呢？」

長者笑著說：「真難得，你年紀輕輕便有這個想法，多少人到老還想不通這件事呢！好孩子，讓我送你四句話吧！」

少年點了點頭，安靜地聽著。

「首先，就是把自己當成別人。你要不要說說看這句話的含義？」長者親切地引導著少年思考。

少年回答：「是不是說，當我感到痛苦憂傷時，要想想那些比我更辛苦的人，這樣痛苦就能減輕；又當我欣喜若狂時，要想一想那些過度狂歡者，好讓自己能遠離瘋狂舉動？」

長者微微點頭，接著說：「第二句話是，把別人當成自己。」

少年沉思一會兒說：「是不是將心比心的意思？要能真正同情別人的不幸，

並細心理解別人的需要，這樣才能在別人需要的時候給予適當的幫助？」

長者點了點頭，繼續說著：「第三句是把別人當成別人。」

少年毫不猶豫地說：「我知道，就是要充分地尊重每個人的獨立性，不管在什麼情況下，我都不可以侵犯他人的核心價值與自主權利。」

長者笑著說：「真是個聰明的孩子！」

「至於最後一句是，把自己當成自己。」長者說。

「把自己當成自己？」少年喃喃道。

「回去慢慢體會吧！相信你一定能領悟到的！」長者鼓勵著少年。

少年點了點頭，一時間他確實無法領略，事實上這四句話原本就存在著自相矛盾的情況，實在需要好好整合一下。

看著少年困惑的臉，長者笑著說：「孩子，這其實不難，只是你得用一生的時間和經歷去找答案。」

少年點了點頭，便轉身離開了。時光荏苒，少年轉眼成了中年，跟著又成了一個老者，直到死去。

那答案呢？這麼解吧！在他死後很久，人們仍時時提起他的名字，他們都說，他是個智慧老人，是個充滿樂觀活力的智者，每當看見他，每個人都覺得生活充滿希望與快樂。

看完故事，你是否也渾身溫暖感受？或者，我們可以這麼說，所有人無不渴望身邊能有個這樣的朋友陪伴，是吧？

然而滿心盼望著的時候，我們也該想一想，自己是不是也能滿足別人的「希望」？人跟人之間依靠的不僅僅是「心」的互動，更要有「理」的輔助。當對方滿足了我們的需要之後，別忘了，也要有相同的付出，然後才能真正構築出你我心中的夢想世界。

其實，長者的教誨不深，每個人的成長腳步便是如此，第一步本來就是要學會「樂觀」和「自律」；接著，在開始與人互動或步入社會之後，便得學習「體諒」和「尊重」。

最終，無論世界怎麼變化，社會如何現實殘酷，只要能守住「自己」，不迷

失自我，不放縱情緒，能自信展現自己，那麼我們自然時時刻刻都會是樂觀積極

的，也自然能帶動身邊的人們充滿希望活力。

簡單來說，生活就是從「自己」開始，這個世界是灰暗還是明亮，不是看天

氣怎麼變化，而是依著每個人怎麼想像。「把自己當成自己」便是要相信自己，

決定了就盡力去做，最後再為自己的成果負責，一如長者的寓意：「人生是美或

醜，全由自己來決定！」

放下懊悔，才有成功機會

現下要把握的還很多，我們該做的便是放下懊悔的心情，正面迎向未來，認真省思、修正自己的弱點，讓自己更積極地邁步向前。

習慣回憶的人應該都知道，當你回憶過去一切的時候，總是很容易憶起失去的和錯過的記憶。

這些讓人傷神的追憶動作，對大多數人來說，其實壞處多於好處，反而讓本該積極生活的當下徒添感嘆。

何必用淚水怨嘆失意？

又為何要用不必要的情緒感傷失去？

珍惜現在吧，與其後悔感傷，不如用微笑與更積極的態度走向明天，如此一來，我們的人生才能真正不留遺憾。

有個窮人死後來到天堂，見到上帝出現時，很不客氣地大吼著：「上帝！我要問您一個問題！」

上帝說：「說吧！」

「好。人人都是你的孩子，不是嗎？」窮人問。

「是！」上帝說。

「既然是的話，您怎麼能讓少數人擁有那樣多的財富，卻讓大多數人貧窮受苦呢？」窮人憤憤不平地說。

「你這麼說就不對了，其實所有人擁有的財富是一樣的！只是每個人能拿到多少，卻由不得我！」上帝無奈地回答。

「您騙人！明明就是窮人多，富人少啊！」窮人不滿地說。

「跟我來吧！」上帝帶著窮人來到了一個隱密的地方，這裡放了一本人間檔

案：「你隨便翻吧！然後你就會發現，我分給人們財富確實都一樣。你看，牆上

點著的顏色不都是金黃色的，沒有任何不同之處啊！」

窮人仔細地看了看牆壁上密密麻麻的點點，的確沒有一顆是不同的，但還是

嘀咕著：「怎麼可能，我哪有什麼發財機會？根本是在騙人！」

「來，把你的大拇指按住這個點，然後閉上眼睛，看看你的過去吧！」上帝

抓起窮人的手，按在他名字的小金點上。

這時，他才八歲，父母相繼過世，沒了依靠也失去學習機會，這時他看見遠

房伯父正和家人討論如何資助他繼續升學，然而當時的他卻放棄這個機會，當然

也放棄了未來的富足人生。

那年開始，他便進到社會闖盪。他到過許多地方，什麼工作都試過，但直到

二十二歲，依然一事無成。雖然他能吃苦也勤快，卻有個很糟糕的缺點，那便是

沒有耐心，做什麼事都不長久，轉眼便又失去了一個大好的發展機會。

與此同時，他看見老闆正和太太商量：「他十分可靠，如果能好好栽培，那

麼我也算找到繼承人了，就讓女兒嫁給他吧！」

這個畫面十分吸引人，但事實上情況卻沒有走到這一步，因為窮人最後還是選擇離開，從此，他又開始浪跡天涯的生活了。

只是機會仍沒有忘記他，有一天晚上，他舉起蹣跚步伐，準備回家時，忽然聽見一個女人的求救聲音。是的，他聽得很清楚，但是卻沒有回頭，繼續前進，因為他覺得沒有必要多管閒事。

就在這個時候，出現另一個畫面，沒想到那個求救聲正是他的真命天女。她是一位富翁的女兒，因為他曾經在富翁家工作，女孩偷偷暗戀著他，為了見情人一面，便設計遇險，希望情人能「英雄救美」，未料結果卻讓她心碎。

這一切往事讓窮人看得渾身顫抖，直到影像播畢，窮人呆了許久許久，忽然抬頭說：「唉，如果人生能重來，我一定會成功的！」

上帝搖了搖頭說：「如果你不改善自己的缺點，結果永遠不會改變！」

仔細想想，人生若真能重來，有多少人真的認爲自己能好好把握？

一如故事中的男主角，多數人一回想起曾經錯過的機會，總憤憤不平地怨天尤人。事實上，這一類人即便能從頭來過，多半會再次錯過，因爲他們不肯正視自己的缺陷，更習於遮掩自己的缺點，難怪上帝要這麼反駁。

與其一再後悔，不如好好檢討已經錯過的機會，事情終究已經錯過，眼前該做的不是再從頭來過，而是從此刻起用心把握！

跟著故事反省，不妨回顧過去的生命歷程，有多少人看見了自己曾經錯過的，和自己一手摧毀放棄的？

不過，不管我們走錯了多少路，或放棄了多少機會，都不應該再怨嘆失去的一切，現下要把握的還很多，我們該做的便是放下懊悔的心情，正面迎向未來。

記憶過去是爲了看清自己的缺陷，認眞省思、修正自己的弱點，然後，讓自己更積極地邁步向前。

改變態度，才可能進步

人若是不能放下自以為是的心態力求改變，便永遠不可能進步。只有積極踏出每一步，人生才會寫下一頁頁精采的生命故事。

生活除了觀察學習之外，還是觀察學習。當經驗累積充實之後，便能隨心所欲變化出招，不管世事如何變化，也不管順境逆境何時交替，更不管成功失敗怎麼交棒，我們總能微笑地生活，也輕鬆面對。

成功的方法無他，只要多觀察多學習，然後融會貫通，把心得轉化成為自己獨到的經驗與智慧。能做到這點，我們就能為自己爭得難得的成功機會，更能化危機為轉機。

比利的父母接連病逝，只留下一間小雜貨店給他和哥哥經營，由於資金不多，

設備十分簡陋，商品更是少得可憐，進門消費的客人越來越少了。

「唉，每天賣不到幾瓶汽水和罐頭，要靠這家小店發財？很困難啊！」比利

不禁唉聲嘆氣。

他忍不住問大哥卡爾：「哥，為什麼同樣的商店，別人可以賺那麼多錢，我

們卻只能慘澹經營？」

「嗯，或許是我們的經營方式出了問題，其實就算是小本生意也能賺錢的。」

卡爾尋思道。

「但是，要怎麼樣才能經營得好？」比利問道。

「借鏡！」卡爾忽然冒出這兩個字，看來他是找到方法了！

第二天，他們決定到其他商店觀察別人的經營模式。他們來到一間新開業的

商店看了一個上午。這家店客人絡繹不絕，生意好得不得了，引起卡爾的好奇心。

他們走進店內，一進門便看見入口處立了一個告示牌，上面寫著：「凡是到本店購物的客人，請好好保存您的發票，月底的時候，可以將全部發票帶來，我們會提撥總額的百分之三，作為回饋。」

「原來如此！」卡爾拍了拍頭說。

他明白這家店生意興隆的原因了，客人們無不冀望著年底「百分之三」的回饋金！於是，他們立即回家，也在門口立了一個醒目的告示牌：「即日起，本店所有商品全面降價，本店還將以全市最低價為目標！如果您發現不是最低價的，本店願意以差價將商品退回。」

就這樣，卡爾兄弟從對手身上偷來了智慧，讓小店迅速擴大，最終還在全國各地開了不少連鎖店！

這則小故事是不是很熟悉？卡爾兄弟打出來的廣告，不就和市面上某家連鎖店一樣？在這個「證明最低價」的行銷策略中，我們看見的不是商場上的消費心

理戰術，而是他們認真從對手身上學習觀察的積極態度。

其實，所有對手都是可敬的。為了更勝對方，不少人費盡心思創造發明，努力要脫穎而出，靠著各自獨特的視野與見地，時時出奇制勝，這些差異便是我們學習的地方。

那些自陷於懷才不遇心牢中的人，多半是眼高手低的傢伙。真正的聰明人不會放任情緒自怨自艾，只會從別人身上得到更多發揮靈感，然後再將學習得來的一切消化吸收，讓自己更上一層樓，一如下面這個例子。

有個貧窮的小伙子來找一位富人，對富人說：「請您允許我為您工作，我願意免費工作三年，一分錢也不要，唯一條件是，您得供我吃、住。」

這麼好的事情誰不想要！富人當然立即答應了他的請求。但三年之後，窮人卻忽然離開了富人的家，不知去向。十年過去，窮人再出現時卻全然變成了另一個人，如今的他甚至比原先的富人更為富有。這一切看在原先的富人眼裡很不是滋味，於是向新富翁提出：「我想用十萬塊買下你的經驗。」

新富翁笑著說：「買我的經驗！哈哈哈，你不知道嗎？我可是用你的經驗賺

得今天的財富，如今你卻要用錢買回自己的經驗？」

所有經驗都是有價值的！但所有經驗法則不會一成不變，我們總得因應不同的時代、不同的生活現實做些改變，就像老富翁與新財主的情況。

生活其實只在一個「變」字。當老富翁保守地過著他的富裕生活時，窮人正在「改變自己」，老富翁缺的便是「變」；當世界開始變化時，他仍固守於眼前的生活，因為墨守成規的態度，生活自然原地踏步，不見進步了。

人若是不能放下自以為是的心態力求改變，永遠不可能進步。只有積極踏出每一步，人生才會因為這一步步勇敢的跨越，寫下一頁頁精采的生命故事。

心生懷疑，難有好關係

別因為過分在乎的心情而心生懷疑、擔心。兩個人相處最難得的就是信任，人際關係是如此，愛情更是如此。

人生難得有情人，不妨想想，當愛降臨身邊時，你是怎麼看待眼前的愛人，是心裡無悔付出，還是常別有所圖？

虛情假意的心任誰都能察覺，即使再遲鈍的人，在這方面還是超出想像的靈敏。心靈溝通是十分玄妙的，一點點心思不對，感覺便會走味，若非多數情人選擇睜一隻眼閉一隻眼，多少戀情早就分手切斷了。

只是信任不再，愛戀雖然仍能繼續，卻也是另一段辛苦愛情的開始啊！

莎拉的姑媽有一個菱形的胸針，這只胸針十分普通，但她的姑媽不知道爲什麼，無論穿什麼衣服都要將它佩帶在身上，讓喜歡胡思亂想的莎拉十分好奇……「一定有問題，我一定要找機會問清楚。」

這天，莎拉央求姑媽讓她看看這只胸針，只見姑媽小心翼翼地拆下，又說：

「小心哪！別掉到地上了。」

「不過是一只普通胸針，我那兒有許多名牌胸針，要是妳喜歡，我全都送妳！」莎拉頗不以爲然地說。

「不必了，這確實是一只普通胸針，不過它卻有著非凡的價值！妳不會懂的！」姑媽揮了揮手說。

莎拉一聽，又燃起好奇，連忙追問情況，姑媽便在莎拉苦苦央求下講出了這麼一段故事：

是它帶給我一段幸福愛情。那年我只有十九歲，他二十歲，當時他邀我一同

到海邊旅行，由於必須在船上過夜，讓我有些為難，因為我不敢對父母說實話，不得不欺騙了他們。

在那保守的年代，海上只有我們兩個人，老實說，氣氛一直都有些沉悶，我們話不多，一開始是在岸邊休息，他生火，我幫忙煮湯，飯後散步，一樣沉默不語，唯一的互動，只有在他遞給我這一個胸針的時候。

最後，我們上了船，船上有兩間休息的房間，很像現在的快艇，他早在一個小房間裡幫我鋪好了床，互道晚安後，我們便分別回房間睡覺。

這時，我忽然想到，要不要上鎖？要是上鎖，他便會聽見鎖門聲，如此一來，他便知道我在防備他，這樣不是太可笑太無知了？可是人心難測，不是嗎？

後來，我想到了一個方法，我悄悄地走到門邊，拆了一條鞋帶，再把它纏在門把上，繞了好幾圈後，便將他送給我的胸針插在上面。如此一來，只要他一觸動手把，那胸針就會移動位置，當然那也意味著我們緣分將盡，不管當時我有多麼喜歡他！

不過，第二天我安安靜靜地取下了這只平凡胸針。正是它，將兩個人的心緊

緊別在一塊！那個男孩不是別人，正是你的姑丈，我的丈夫，卡拉斯。

莎拉聽得萬分感動，忍不住上前擁抱姑媽：「姑媽，我祝您永遠幸福！」

細細品味著莎拉姑媽和莎拉姑丈的愛情故事，我們也明白，說愛得入火而放任情慾的理由始終是藉口，很多時候我們能忍而非不能忍。別忘了，為了愛，多少人不是正努力在克制自己，好像故事中的小情侶。

一份簡單的信任便能維繫一輩子的幸福，在這速食化的現代愛情中已不多見了，看著小船上的平凡互動，不知道讓你有了多少省思和啓發？面對著心中認定的最愛，有多少人能坦誠、無疑，真正由心中說出「我相信你」？

別因為愛得太深刻，因為過分在乎的心情而心生懷疑、擔心。都決定攜手共組一個家了，就不該讓猜忌懷疑滲入。一旦出現猜疑，兩個人的互動便會出現藉口。因為缺乏信任，時時懷疑，其中一人便會頻頻出現試探動作，至於另一個人，為了減少另一伴胡思亂想，連小事也被逼得要支吾隱藏，於是各有所隱也各有所

思，日子一久，心結不生也難。

簡單來說，既然如此愛他，就「相信他」吧！兩個人相處最難得的就是信任，人際關係是如此，愛情更是如此。

看著莎拉姑媽的往事回憶，其實這份克制與年代保守無關，展現的是兩個人的勇氣與理性。他們沒有「情不自禁」放縱自己，而是認真守護對彼此的一份「信任」。小小胸針藏著體貼愛人的心意，卻也襯托出一個深刻的理念：「愛不只要求付出，還要多一點坦白，一切都做到之後，只要再用信任兩個字，就能幸福牽手一輩子！」

沒錢的人通常都很蠢

現實生活中，就是有人給他們再多錢也沒用，因為他們根本不知道該如何運用自己的金錢。

現代人的通病是認為自己的錢不夠用，因此總是為了金錢而奔波忙碌，或者充滿「仇富」心態，抱怨貧富差距，抨擊政府對自己照顧不夠多。

然而，事實真的是這樣嗎？

事實上，如果不懂得好好地運用金錢，那麼再有錢的人，也有坐吃山空的一天。相反的，如果能夠將有限的金錢，發揮無限的功用，即使是窮人，也能搖身一變成為有錢人。

美國雖然是世界上公認最富裕的國家，制定了許多照顧窮人和失業人口的社會福利制度，但是，美國的社會當中，仍然存在著許多貧窮的人。

政府原本以為是社會福利制定得不夠完善，所以特別委託一個民間機構進行訪問調查，希望找出為什麼始終無法改善他們生活的原因，並且也讓法令有修正的依據。

沒想到經過調查之後，發現有些人貧窮的原因非常離譜，以下便是這個團體所調查到的三個特殊例子。

有一位中年男子雖然有工作，但是每個月總是把一大半薪水花在修理地板上。

因為修理地板的費用太高，導致他十分貧窮，窮到連用來生火的木柴都買不起。因此，只要天氣一冷，就只好拆掉屋裡的地板當柴燒，然後等拿到薪水之後再請工人來修理地板。

有一個女孩因為經常失業而領取失業救濟金。

調查的時候發現，造成她失業的原因，是因為她早上總是無法準時起床，總是由於遲到過多而被開除。

但是，當調查人員勸她買一個鬧鐘，改善無法準時起床的狀況時，她竟然相當不悅地表示，政府發給她的那些失業救濟金根本不夠用，她沒有多餘的錢買鬧鐘。

有一個老太太，雖然政府每個月發給她的救濟金，已足夠支付她整個月的基本生活所需，但她還是經常挨餓。

她會挨餓的原因，是因為她總是用這些救濟金購買昂貴的肉類和冰淇淋，卻沒有用來買麵包、牛奶……等基本食物，政府的補助自然也無法維持她的生活了。

這篇故事的主旨當然不是以鄙視的眼光嘲諷窮人，而是強調要認真生活、妥善運用金錢，否則在不景氣或金融海嘯來襲時，景況就會變得無比淒慘。

一個人的生活究竟是快樂的或是痛苦的，關鍵往往在於用什麼態度面對生活。

很多時候，只要我們願意積極生活，節制若干物質慾望，就不致讓自己捉襟見肘。

大多數的人都知道，只要自己積極奮發向上、樂觀地期盼著自己的理想和抱負總有一天會實現，最後就一定可以達成目標，但是，往往只是借用這種想法欺騙自己、麻醉自己，不肯腳踏實地去追求自己的夢想。

這種幻想家做事往往苟且敷衍，總是重複做著愚蠢的事，又不斷抱怨別人不伸出援手，當然掙脫不了貧窮的困境。

看了這三個例子，你也許會覺得十分荒謬可笑，但是現實生活中，就是有人給他們再多錢也沒用，因為他們根本不知道該如何運用自己的金錢。

如果你不是這種人，那麼恭喜你具備創造財富的能力，但如果你也和這些例子相距不遠的話，為了避免落入貧窮的深淵，也許你該好好學習如何妥善地運用金錢了。

千萬別像例子中這三個蠢人一樣。

用理智找出自己的價值

別為自己的平凡而心情沮喪，只要理智地看待自己，任何人都能找到屬於自己的、與眾不同的存在價值。

生活中，那些珍貴難得的事物確實不凡，但當真擁有了難得的事物時，多少人的心真的覺得踏實？

其實，真正不平凡的東西常是身邊最平凡的事物，因為這些才是累積並富足我們人生的珍寶。只要明白這個道理，自然會看清自己真正想要的，生命便不會再有「後悔」的時候。

富商傑姆巴和他的朋友科爾一起來到某座城市，這天傑姆巴忽然對科爾說：

「你知道嗎？這個城市曾經救過我的命，有一年我過境這座城市時，突然昏倒在路旁。這裡的人將我背到醫院，還請了醫術最高的醫生為我治好病。老實說，我一直都不知道是誰救了我，雖然財富不斷增加，但我真正想要的卻是好好答謝隱於這座城市裡的救命恩人！」

科爾點了點頭，問道：「嗯，那麼你準備為這座城市做此什麼？」

「我想把身上最珍貴的三顆寶石送給城裡最善良的人。」傑姆巴說。

為了完成目標，他們一同在這座城市裡住了下來，第二天傑姆巴在自家門口擺了個小攤子，桌上則放了三顆光彩奪目的寶石，寶石後方還寫了一張告示：「善良的人，我願意把這三顆珍貴寶石免費送給您。」

這招看起來應該頗具吸引力，但事實上人們經過時卻全都只回望了一眼，然後便匆匆離開。一整天下來，這三顆寶石始終無人問津。

兩天過去了，三天過去了，這三顆寶石依然被人們冷落在一旁，讓傑姆巴十分困惑：「免費的也不要？」

科爾一聽，笑著說：「讓我來試試看吧！」

只見科爾拿出一根稻草，並將它裝在一只精美的玻璃盒內，盒上還鋪了一塊紅色絨布，告示牌上則誇張地改寫成：「一根稻草，一萬美元。」

「新品」一推出，立即引來人們的關注和詢問，爭先恐後想了解這根稻草的來歷。這時科爾解釋道，這是某國王贈送的稻草，是王室傳家之寶，能為擁有者帶來富貴的神奇魔力。

最終，這根稻草竟以六千美元賣出，科爾這麼對傑姆巴說：「對他們來說，這三顆寶石不過是哄小孩子用的東西，你表現它們的方式太過平凡，根本沒人會注意。這個實驗讓我們知道，人們對那些難以到手的東西最是垂涎心動，即便它只是一根稻草。」

「人們對那些難以到手的東西最是垂涎心動，就算只是根稻草！」這句話十分深刻地道出多數人的心理。說穿了，平凡人無時無刻不想求得非凡事物，試圖突顯自己的與眾不同或價值非凡。

我們都知道，平凡稻草比不上珍貴寶石，然而，卻也因為前者平凡簡單，反而很容易被人們賦予不凡。

價值認定不過是源於我們的想像和認知。只要我們認為自己是與眾不同的，不需要外物附加，自然而然便是與眾不同的人。一如無法言語的稻草，只要我們願意，它也能成為一根擁有神奇魔力的法寶！

不要輕看那些簡單平凡的人事物，也不要小看自己的舉手之勞，生命價值跟著內在變化而改變，才得以讓平凡事物擁有無價的內在。

其實，多數難以到手的東西早在我們身邊，我們總到失去時才知道，原來自己從未好好把握擁有過的一切。別為自己的平凡而心情沮喪，只要理智地看待自己，任何人都能找到屬於自己的、與眾不同的存在價值。

內心踏實，才有生存的價值

唯有勇於正視生活的現實，不用「高人一等」的心情看待事情，才能真正享受生活的趣味，也才能真正肯定自己的價值。

世上能含著金湯匙出世的孩子其實不多，多數的富翁的財富都是靠自己努力而得來的。他們知道，雖然起步條件比別人差，但只要腳步踏實，努力積極，總有一天，他們會打造一把個人專屬的金湯匙。

這是多數成功者的態度，他們靠著自己的力量改寫人生歷程和結局，只因為他們知道，與其羨慕他人在財寶堆中出生，還不如靠自己的力量換得一座金銀山來得踏實。

蘇丹王的兒子愛上了一個牧羊女，苦苦思念的他對父親說：「父王啊！我愛上了一個牧羊女，想和她結婚。我相信她會是個賢慧體貼的好妻子，更會是一位不可多得的好王妃！」

蘇丹王一聽，搖搖頭說：「孩子，你是國王的兒子啊！我死後你就是國王，怎能娶牧羊女呢？不行，這可不是你個人的事，而是國家大事！要是你娶了牧羊女為妻，會被人們恥笑的。」

「笑就笑吧！我真的很愛她，我就是要她做我的王妃！」王子堅定地說。

「唉，隨你吧！」蘇丹王很清楚這個兒子的個性，轉念一想，或者是天意，只好答應他了。不久，使者來到牧羊女的家，並告訴她王子的心意，沒想到牧羊女卻問：「國王的兒子有沒有一技之長？」

「他是王子，並不需要什麼一技之長，他本來就有人侍候著，未來他只要知道怎麼管理國家就好，哪裡需要什麼一技之長？」使者頗不以為然地說。

牧羊女搖了搖頭說：「對不起，麻煩您回去對他說，除非他有一技之長，不然我不會嫁給他。一個男人一點技能都沒有，怎麼能管理國家呢？」

使者將牧羊女的話告訴國王，國王一聽，不悅地對兒子說：「這就是你仰慕女孩嗎？還沒進門，要求就那麼多，現在你還想娶她嗎？」

王子堅定地點頭說：「放心好了，我會做出一雙漂亮草鞋給她的！」

從此，王子天天都在學習怎麼編織草鞋，不久便學會了這個技能，順手就能編出一雙漂亮草鞋。使者帶著王子親手編織的草鞋去見牧羊女：「這些鞋子是王子親自編的！」

牧羊女看見鞋子十分感動，便說：「好，我答應嫁給他！」

只是兩個人的幸福時光不久，有一天王子獨自在街上散步時，不巧遇上了一群強盜，被捉進牢裡。

所幸強盜們並不知道王子的身分，暫時還沒有生命危險。轉念一想，王子對強盜說：「我們來個交易，我編草鞋讓你們拿去賣，如何？」

「好！」強盜立即找來材料讓他編製，三天內他完成三雙草鞋，然後他對強

盜說：「你們把這三雙鞋子拿到宮廷外去兜售，相信我，單單一隻鞋就能賣得一百塊金子。」

「真的？好好好！」強盜們聽完後，便匆匆地趕往宮廷外。

至於皇宮內，因為王子已經失蹤很多天了，每個人都十分緊張擔憂，就在這個時候，聽說有人拿著草鞋在王宮外販售，王妃一聽，連忙叫人以高價將全部的鞋子都買回來。

一伙人仔細一看，這果真是王子編製的草鞋，因為上面他偷偷寫了幾行古文，那是求救的訊息，就這樣王子被救出來了。王子平安地回到父親和妻子的身邊，一看見愛妻，激動地說：「親愛的，謝謝妳！」

對牧羊女來說，再富裕的背景也不能有十指不沾陽春水的態度，畢竟世事難料，現實的人生難保什麼時候不會意外落魄，與其把握今天享受人生，不如培養一份紮實的求生本事。

反之，心若是空虛的，就算現在可以靠著爵位、財物強裝偉大，但總有一天，還是會被自己擊倒！

簡單故事，帶出了深刻寓意。編織草鞋的功夫看似平凡，卻也深刻暗喻人生該有的態度：「我們都是平凡的人，外在功名利祿不過是附加的，內心踏不踏實，本事夠不夠紮實，一切只有自己知道，這也是我們生活的重要依靠。」

明白故事的深意之後，就好好面對生活中的一切。唯有勇於正視生活的現實，不用「高人一等」的心情看待事情，才能真正享受生活的趣味，也才能真正肯定自己的價值。

用熱情融化社會的無情

只要大家是熱情的，願意無私分享付出，再冷酷無情的人

也會被你感化，並願意伸出手與你協力合作。

常聽見人們斥責社會人心的現實，然而在指責的同時，有多少人發現，自己

不也經常帶著冷酷無情的臉出門？

不會有人喜歡冷漠的臉，更不會有人喜歡聽見冷言冷語。相對的，沒有人不

喜歡溫暖熱情的人，與其要求或期待別人有此表現，何不自己先起身帶動？世上

多得是靠著個人的力量改寫一切的故事啊！

在印度，流傳著這麼一個美麗故事，那是關於一隻小松鼠的寓言。

傳說，在某座森林裡的小動物生活十分快樂，茂密森林裡從未發生過什麼重大的災難，有的不過是物競天擇的生死安排。

有一天，老天爺不知道是哪根筋不對，想試一試動物們的危機應變能力，忽地從天上揮了一道閃電下來，電光擊中森林中最大的老樹，登時燃起熊熊大火。

火勢一發不可收拾，火舌席捲了大片樹木枝葉，同時也威脅到所有動物們的生命安全。

動物們無不驚慌地向森林外倉皇奔逃，但這劫難躲得過嗎？

看起來好像只要離開大火竄燒的林子就好，實則不然，因為不少猛獸正在林子外等著牠們出現啊！

這時，有隻小松鼠非但沒有逃開，反而奮不顧身地朝著大火方向衝去。只見牠往水塘裡一跳，將瘦小的身子完全沾濕，然後再衝進火場去，再拼了命地抖落

身上的水，牠居然想用這樣的方式滅火？

老天爺看了也動容，變成一個老人出現在牠面前：「孩子，你這樣做沒用吧！

那麼一點力量，根本……」

已被樹枝烙印出三條焦痕的小松鼠，不管老人怎麼說，仍然用身體沾水、滅

火。一來一往時，牠對著天神變成的老人說：「力量雖小，但我會盡力！也許作

用不大，但畢竟會發揮一定的作用！或許這份執著能感動老天爺，等會祂便降下

大雨，滅了這場大火也說不定！」

老人忽然大笑一聲，森林裡果真下起了大雨，大火也在一瞬間消失無蹤！

據說這就是印度三紋松鼠的由來，動人的「力量雖小仍然盡力」的堅持態度，

想必讓不少人在感動之餘，不覺地慚愧了起來吧！

當多數人以忙碌為藉口，懶得與人互動，人和人之間就變得越來越冷漠。當

多數人因為害怕惹事而習於退縮遠觀，社會環境也變得越來越無情，總要到事情

發生在自己身上時，才知道冷漠無情的可怕。

一個人的力量也是力量，群體力量是靠一個又一個人的力量累積而成的。個人的力量也許很小，但相互感染的力量卻是強大的；人情冷酷不代表不能被溫熱融化，只要大家是熱情的，願意無私分享付出，再冷酷無情的人也會被感化，並願意伸出手與大家協力合作。

下一次，當你再怨怪社會冷漠，憤怒人心現實之時，不妨先放下這類負面的心情，冷靜地想一想，當同樣的事情發生在自己身上時，自己是否願意伸手幫助？是否願意時時給社會多一點熱度？

只要答案是肯定的，你的怨懟、責怪自然會消失，因為很快你便會發現，這小小的熱情心意，正悄悄地感染著每一個人，生活周遭的人情味也因著這份熱情而越來越濃烈。

PART 3

不要讓情緒
影響前進的勇氣

無論目前陷在什麼樣的困境中，
自然都會有一股力量支持你挺過去的。
不因為受挫的情緒，影響自己前進的勇氣。

拋下壞念頭才能得救

如果我們常讓自己處於生命中的不愉快裡，反而會讓心靈

更不平靜，最後只會賠上生命中愉快的那個部分。

每天打開電視、翻開報紙，都會看到殺人、放火、家暴、鬥毆等等社會事件層出不窮。走出家門，可能上司找麻煩、同事是小人、朋友設計你，搞不好連路邊的狗也要吠你幾聲。

你是否會感到憤怒，覺得人生不愉快的事怎麼這麼多？

追根究柢，其實很多惱人的事情，或許「並沒有想像中那麼嚴重」，甚至是「微不足道」的。

一位父親正在院子裡忙碌，兒子帕科放學後，氣沖沖地跑回家裡，一進門就使勁地跺腳。

看到帕科生氣的樣子，父親把他叫了過來，想和他聊聊。

帕科不情願地走到父親身邊，氣呼呼地說：「爸爸，我現在非常生氣。華金以後甭想再得意了，我一定會想辦法對付他。」

父親一面幹活，一面靜靜地聽帕科說：「華金讓我在朋友面前丟臉，我現在非常希望他會遇上幾件倒楣的事情，在所有人的面前無地自容。」

父親放下手中的工作，走到牆角，找到一袋木炭，對帕科說：「兒子，你把前面掛在繩子上那件白襯衫當做華金，把這個袋子裡的木炭當做你想像中的倒楣事情。然後，你用木炭去砸白襯衫，每砸中一塊，就象徵著華金遇到一件倒楣的事。我們看看把木炭砸完了以後，會是什麼樣子。」

帕科覺得這個遊戲很有趣，拿起木炭就往襯衫上砸去。可是襯衫掛在遠處的

繩子上，他把木炭全扔完，只有幾塊打到襯衫。

父親問帕科：「現在你感覺如何？」

帕科說：「累死我了，但是我很開心，因為我扔中了好幾塊木炭，白襯衫上有幾個黑印子了。」

接著，父親要帕科去照照鏡子。帕科在一面大鏡子裡看到自己滿身都是黑炭，臉上只能看到牙齒是白的。

父親說：「你看看，白襯衫並沒有變得特別髒，而你自己卻成了一個『黑人』！你希望在別人身上發生很多倒楣的事情，結果最倒楣的事卻落到自己身上。

有時候，我們的壞念頭雖然在別人身上兌現了一部分，別人倒楣了，但是它們也同樣在我們自己的身上留下了難以消除的污跡。」

帕科聽了如夢初醒，再也不生氣了。

當我們氣得半死，對方卻不痛不癢；我們暴跳如雷，對方還是老神在在時，

這也代表對方達到了目的，而你卻徹底輸了。

對方的目的，就是要惹火你，讓你身心痛苦。

人有七情六慾不可否定，但是為了他人而抓狂，實在不值得。生活有黑暗面，但是也有很多光明面，沒必要硬是往死胡同裡鑽。

或許，用「煤炭」扔對方，能讓自己得到一時的快感，但是之後卻可能讓自己更加灰頭土臉，光是清理自己身上的「煤灰」所付出的代價和心力，就可能超乎你的想像。

佛家說：「一切法從心想生。」

如果我們常常讓自己處於生命中的不愉快裡，對他人心生怨念，加以指責、詛咒、報復等等，並不會讓自己感到更愉快，反而會讓心靈更不平靜，甚至造成血壓上升，使自己面目可憎，最後只會賠上生命中愉快的那個部分。

善加控制自己的情緒

只有控制好情緒，不放任心情隨意宣洩，用理性處理事情，

才能擁有健康的身心，才能享受快樂的人生。

不要讓自己的心情處理事情，理性地控制情緒，提高自己的EQ，才是讓身

心保持健康的最佳方式。

如果我們讓EQ處在低點，並任由情緒操控生活，很快地，我們便與「瘋子」

無異，我們的社會就像「瘋人院」了。

很久以前，有個國王親自到瘋人院訪察，因為他對這個病症非常好奇，便主動研究病因。

國王看見有個人正在大哭，還把頭用力地朝牆壁猛撞，看著他滿臉的憤怒，似乎受到了很可怕的傷害，於是好奇地問：「這個人怎麼瘋的？」

院長說：「他愛上了一個女人，但是對方卻不愛他，於是就瘋了。」

國王嘆了口氣，走進了另一個病房。

這裡有個男人也是滿臉怒氣，還朝著一幅女人的畫像猛吐口水。國王問院長：

「這個人發病的原因，是不是也跟女人有關？」

院長點了點頭說：「是的，他的愛人就是剛剛那個病人愛上的女人，雖然他得到了那個女孩，但是卻從此瘋了！」

國王說：「看來，每個人都應該研究這個病症，因為這關係著每一個人，甚至不必到醫院裡來，就可以發現，原來我們早就生活在『瘋人院』中。」

這則故事非常有趣，習慣站在遠方觀看別人的我們，總是以偏狹的目光對人指指點點，然而，當我們站在自以為是的角度時，國王卻忽然出現，對著我們說：

「原來你也是個瘋子啊！」

我們是不是瘋了，也許只有自己知道，不過，就像故事中的兩個病例，因為無法控制情緒，而失去理性的判斷，自然而然就「瘋了」。

看到這裡，你怎麼想呢？

社會亂象的根源，其實就是源自於你我的情緒。

當國王發現，我們原來早就生活在瘋人院時，他的本意不是為了嘲諷，而是要我們重新審視自己的生活。

只有控制好情緒，不放任心情隨意宣洩，用理性處理事情，才能擁有健康的身心，享受快樂的人生。

轉換一下心情，就能突破困境

轉換一下自己頹喪的心情，從昨天的錯誤中找出新方向，
以便明天來到的時候能確實把握並踏出正確的腳步前進。

有些人不管人們怎麼鼓勵，每一轉念看見的不是「信心」而是「擔心」，擔心自己不行，煩心事情不會那麼順利，所有煩惱盡是一些無謂的猜想。

可是你知道嗎？很多時候，我們只需要一點自信就能突破眼前的困境，甚至只要給自己一句「放心」，事情便能更順心地圓滿達成！

因此，越是面對棘手事情，越必須叮嚀自己，先將心情處理妥當以後再處理事情，千萬別讓負面情緒影響自己所做的任何判斷或決定。

身高只有一百四十五公分的原一平，相貌平平，不過卻是日本壽險業界的非常人物，業績連續十五年都拿第一，人們封他為「推銷之神」。

但是小時候，原一平其實是個性格叛逆又頑劣的男孩，甚至曾用小刀刺傷老師。

家境貧窮的他，經常窮得連一頓飯都吃不起，露宿公園更是稀鬆平常的事。親友們都認為他是個沒用的「廢人」，沒有人想接濟他，更沒有人瞧得起他。直到二十七歲時，因為和一位老和尚的一席話，才改變了他的一生。

有一天，他向一位老和尚招攬保險，老和尚卻對他說：「年輕人，你的介紹詞絲毫吸引不了我投保的意願。」

老和尚專注地看著原一平，接著又說：「人和人之間，就像你和我現在這樣相對而坐，你必須要具備一種強烈吸引對方的自信力量，如果做不到這一點，恐怕前途有限。」

聽見老和尚這麼說，原一平不只啞口無言，甚至還冷汗直流，老和尚的話似乎說中了他心裡的疑困。

老和尚笑著繼續說：「年輕人，你得先改變你自己！好好地重新看一看自己，好好地認清自己，如果你連自己都不認識，都不清楚自己有何魅力，如何得到人們的信任？先回去好好地反省自己一下，然後才能成就自己！」

「反省自己？認識自己？」原一平喃喃道。

老和尚點了點頭，回答說：「是的，要赤裸裸地認識自己，徹底反省，然後才能看見你自己。」

老和尚的這一席話就像當頭棒喝，一棒把原一平打醒，從此，原一平開始學習坐禪修行，仔細反省自己的過去和未來，並用心檢討自己的待人處世，徹悟之後，他的事業從此就屢創佳績。

回顧過往，曾經荒誕頹唐的原一平想必是受困於過去的自卑感中，因而遲遲

無法敞開心扉發揮所長，若非觀察敏銳的老和尚即時點化，也許後來就難以創造業界的傳奇。

其實，再不平凡的人最初和你我都一樣，都得從最基本的功夫開始累積，也都得從最低層的地方開始起步。

無論過去有多卑微，也不管今天有多風光，他們都比我們清楚，每個生命都有它存在的價值與改變機會，沒有人能一輩子都那麼傲視世事，當然，更沒有人應當一輩子都苦困在低潮中。

生活總有高低起伏的時候，人生總會有大起大落的遭遇，不必怨對過去走得有多顛簸，而是應當轉換一下自己頹喪的心情，從昨天的錯誤中找出新方向，以便明天來到的時候能確實把握並踏出正確的腳步前進。

人生沒有困境，只有自我囚禁

黑夜過去總會重見黎明，只要我們願意振作精神，也勇敢面對，不放任心情隨意飄蕩，就能朝向正確的目標前進。

天下事從來沒能困住任何一個人，之所以有人會灰心沮喪、灰心沮喪、不知所措，究其原因，總離不開「逃避」和「不肯面對」兩種情況。

人生沒有真正的困境，有的都是自己設置的囚牢；很多時候，所謂的「困境」只是你用惡劣的心情囚禁自己；很多時候，所謂的「困境」只是你用惡劣的心情囚禁自己。

當天氣昏暗不明的時候，該做的不是放任情緒埋怨壞天氣，更不是氣惱著老

天爺故意捉弄，而該是由自己點燈，照亮前進的方向才是。

「謝謝，謝謝！」新郎官和新娘子捧著糖果盤，笑著送客。

「恭禧啦！」「要早生貴子呦！」「來來來，你們互親一個！」朋友們道賀

與嬉鬧聲此起彼落，好不熱鬧。

有些醉意的老沈也走到新人身邊，笑著說：「我可是大老遠，乘著船來呀！

恭禧啦，祝你們白頭到老！」

「謝謝！」新郎笑著拍了拍老沈的肩說。

只見老沈搖搖晃晃地走出去，接著來到岸邊，準備駕著小船回家去，此刻天

色昏暗，河岸邊有些涼意，但不冷，反倒拂得人有些睡意。

老沈摸黑上船，熟練地用力划著槳，只是不知道怎麼了，划了老半天還不見

對岸，沉沉的睡意和昏昏的酒意，讓他機械式地划著槳，划著划著⋯⋯

「咦？天亮啦！」

朝陽高昇，也照醒了老沈，他先定了定神，然後睜開雙眼，一看：「天哪！這是哪兒？我怎麼還在船上？撞鬼？鬼打牆？」

老沈隱約記得昨天「划了很久很久」，但是眼前景象卻告訴他，船一動也沒動地停在原來的岸邊。這可把他嚇得驚呼一聲，然後沒命地跳上岸，準備奔逃至老朋友家。

不過，就在他跳上岸的同時，不小心被岸上的一個東西絆了一下，跟著便狠狠地跌了一跤，定神一看，卻是固定船身於岸邊的纜繩。

「這，哈哈哈……」一陣尷尬笑聲忽然響起，這才知道，原來昨晚忘了把綁在碼頭邊的纜繩收起來呀！

故事很簡單，但越是簡單的故事卻常隱含著非常深的寓意。試想，我們不也常像老沈一樣，迷迷糊糊地生活，然後不知不覺地被無形枷鎖套住？

然而，我們不僅毫無察覺，更經常被困鎖其中，以致於怨念叢生、生活窒息，

甚至不知不覺地任由情緒左右，放棄對生命的主控權。反觀那些只懂埋

故事中的老沈最終還能醒來，也清楚看見自己的問題所在。反觀那些只懂埋

怨生活的人們，一方面親自綑綁自己，另一方面卻又死命地將責任推給他人，還

一味想得到解脫，希望突破，不免有些天方夜譚。說穿了，他們不過是在欺騙自

己罷了。

想解鈴，仍得靠自己解開，繩索確實綁在某個地方。事實上，心海裡的結並

不難找，但找到了結不代表它會自動解開。不要期待別人幫我們拆開，因為不肯

自己拆解，有一天再遇糾結，我們一樣拆不開也解不了，反覆受困，反而會讓我

們自己越來越走不出來。

黑夜過去總會重見黎明，再昏沉也會有清醒時分。哪怕只有一刻鐘，只要願

意振作精神，並把握醒著的時候看清自己，也勇敢面對，不放任心情隨意飄蕩，

我們就能朝向正確的目標前進。

不要讓情緒影響前進的勇氣

無論目前陷在什麼樣的困境中，自然都會有一股力量支持你挺過去。不因為受挫的情緒，影響自己前進的勇氣。

遇到難題的時候，你是否相信自己可以克服它？

仔細回想一下，每當自己糾結在困難事情當中之時，是會告訴自己要勇敢克服，或是退縮觀望？相信前者會比後者多，因為你知道：「問題總要解決的，與其放棄退縮，不如試著前進克服；難關總會度過，只要樂觀相信，我們自然會看見希望。」

此刻的你，也許正困於某個難關聽過多數克服難題者的感言後，是否也願意

再給自己一次機會，試著克服走過呢？

有一艘載滿幾十人的商船，在大海上遇到了一場突如其來的暴風雨，船不幸沉沒，船員們死傷無數，只有一名船員幸運生還。

這名船員僥倖地在大海上找到被大浪沖落的救生艇，在救生艇上，任由船身隨風浪顛簸起伏，遠看就像一片葉子隨風飄盪。當風平浪靜時，男子卻發現自己迷失方向了，連收到消息準備動員救援的人們也找不到他。

天色越來越暗了，寒冷、飢餓和恐懼一同襲上他的心頭，但是眼前除了這艘救生艇之外就一無所有了。

心灰意冷之際，他無助地向天邊望去，卻見到盞盞闌珊燈光，男子開心極了，因為他看見了「希望」。

他知道那是救援的燈，於是奮力地向燈的方向划去，努力地朝向那點燈光前進。但是不知道爲什麼，那光似乎離他很遠很遠，直到天亮的時候，他還是沒能

到達那個地方。

但是，男子並不放棄，心想：「那盞盞燈光一定來自某座城市，或是某個港口，一定是的。」

心裡堅持那是希望明燈的他，繼續划著，雖然白天看不見光，但一到了夜晚，那燈光便會在遠處一閃一閃，男子總是瞇著眼尋找微弱的光源，鼓舞自己：

「看見了，好，加油吧！」

靠著意志力，男子堅強地撐過了一天又一天，雖然他越來越飢餓、乾渴又疲憊，但每當就快崩潰放棄時，轉念間，又會想起遠處的那片光：「不，我不可以放棄，燈光就在前方，我必須堅持下去。」

第四天，他依然朝著那盞光的方向划去，直到支撐不下去終於昏迷過去，但即便昏迷中，他腦海仍然閃現著那盞燈光。

「嗡……」遠方傳來大船的聲音，男子被發現了，一艘正巧經過的商船收到有船隻沉沒的消息，救援隊請他們協助搜尋生還者。

男子被救上船，醒來後，大家這才知道他已經在海上漂泊了四天四夜，有人

問：「這麼多天來你都是怎麼撐過來的？吃些什麼呢？」

男子搖了搖頭說：「我什麼都沒吃，我是靠著⋯⋯」

男子說到這裡，往窗外望去，接著他指著那「光」說：「就是那盞燈帶給我希望力量的。」

大家紛紛朝著他所指的方向望去，每個人都吃驚地看著他，那才不是什麼燈光，只不過是天邊閃爍的一顆小星光！

一點星光點燃一份希望，對男主角來說，無論是燈光還是星光，最重要的是因為那點「光」的陪伴，不僅讓他堅強熬過了漫漫長夜，更為自己的人生寫下了不凡記錄。

只是少了星光支持的你，又該到哪兒找到那盞希望之光呢？

抬頭仰望天空，然後闔上雙眼，你是否看見心中出現了一盞光影？

是的，每個人心中都有一盞不滅的希望之光，這不是什麼空洞的想像，而是

確確實實存在你我心中的明燈。

只要在遇到困難時點燃它，不因為受挫的情緒，影響自己前進的勇氣，告訴自己：「放心，總是能熬過去的！」那麼，無論目前陷在什麼樣的困境中，自然都會有一股力量支持你挺過去的。

就像故事中的船員一般，真正支持他的其實不是那些星光，而是他替自己燃起的鬥志與堅強希望！

用寬容的心情面對人生

養成敏銳的觀察力，對人要寬厚，並耐心修養性情，學習
到它們以後，未來生活自然無往不利。

發生意外時，你會怎麼看待，遇到不平之事時，你都怎麼處置面對？

多一點包容心看待，大事自然能變成小事，多一點寬恕心面對，壞事也能得出更好的結果！

以下這個故事告訴我們，除了對人要多觀察，用好修養應對之外，對事更應如此，畢竟烈酒變薄茶還算事小，若是輕忽到不能辨識是非黑白，任憑內心的氣憤解決事情，恐怕小事要變大事。

萊德勒少尉服役的美國海軍砲艇「塔圖伊拉」號正停在某個東方城市，這天，他興致勃勃地參加當地舉辦的一個跳蚤市場，聽說想買好東西得碰運氣，因為這是個「看不見樣品」的拍賣會。

當地人都知道，這個商人向來以惡作劇聞名，這天他要拍賣的是一個密封大木箱，現場人們紛紛猜測著：「這裡頭一定裝滿了石頭，還是算了吧！」

萊德勒開價三十美元，商人也很乾脆，拍案喊道：「賣了！」

萊德勒旋即打開木箱，沒想到裡面竟裝了兩箱威士忌，這在當時戰爭頻仍的時期，能得如此珍貴的酒可是很不容易的，不少人懊悔地捶胸著：「唉，早知道就出高價買下它。」

不少好酒人士紛紛向萊德勒開出三十美元換購一瓶的價格，但全被萊德勒回絕了，因為他說他不久就要到別處去，想用這些酒來開個告別酒會。

當時也在該地的海明威犯了酒癮，急匆匆地來找萊德勒：「朋友，聽說你有

兩箱好酒，我要買六瓶，隨便你開價如何？」

但是，萊德勒還是拒絕，海明威仍不死心，掏出一大疊美鈔說：「給我六瓶，

你要多少錢都行！」

萊德勒見狀，想了一想說：「好，既然你這麼想喝，那就用六瓶酒換你六堂

課，教我成為一個作家，如何？」

海明威一聽，竟向他做了個鬼臉：「老兄，我可是花了好幾十年功夫才成為

作家的啊！不過，這個交易還算合理，好吧，看你這麼有心，成交！」

萊德勒一聽，連忙遞上六瓶威士忌，接下來五天，海明威信守諾言，為萊德

勒上了五堂課，而萊德勒更是得意，因為他以六瓶酒得到名家指點，這是極為難

得的機會。

過了幾天，海明威好奇地問萊德勒：「聰明的生意人，我想知道，剩下的酒

你喝了幾瓶呢？」

「一瓶也沒喝，因為我全都要留著開告別酒會。」萊德勒十分堅定地說。

第六天，海明威因為有事要提前離開，萊德勒則陪他到機場，這時海明威微

笑道：「我沒有忘記，現在就爲你上第六堂課。」

在飛機的嗡鳴聲中，他說：「在描寫別人前，首先你得成爲一個有修養的人。

第一要有同情心，第二要能以柔克剛，第三，千萬別笑不幸的人。」

萊德勒皺了皺眉，問道：「這和寫小說有什麼關係？」

海明威平靜地說：「這對你的生活十分重要。」

「我的朋友，在發告別酒會請柬前，你最好把那些酒抽樣檢查一下，再見了。」海明威忽然又回過頭，對他說了這段話。

回去之後，萊德勒打開每一瓶酒，才發現裡面裝的竟然全是茶，此刻他才明白，海明威老早就知道實情，但是卻隻字未提，也沒有譏笑他，還遵守諾言爲他實現心願。這一刻，他終於明白海明威告訴他的話：「好好看待生活中的一切，並且冷靜有修養地思考、處理人生中的每一段意外插曲。」

這個結果是好或壞見人見智，從喜獲至寶到發現竟是假寶物時，一般人除了

咒罵商人黑心外，一定就是氣憤難過。萊德勒卻沒有如此，只因他遇到了海明威，

更告訴萊德勒怎麼看待生活中的意外插曲。

用與眾不同的智者角度，藉著機會教育，告訴萊德勒如何成為觀察敏銳的作家，

同情心和不要笑別人的不幸，還有以柔克剛的道理，歸納海明威所說的三項

要點，其實正是對人要有「寬容心」。

海明威藉此機會指引，不僅提出了小說家應學習的課程，還告訴我們：「養

成敏銳的觀察力，對人要寬厚，並耐心修養自己的性情，這些都是人生必修的課

程。學習到它們以後，未來生活自然無往不利。」

發脾氣，比想清楚容易

要改變衝動的壞習慣，就先建立「不可能事事都順自己心意」的認知吧！

還沒搞清楚狀況就先發脾氣，是現代人的通病，這樣衝動的結果，往往只會讓自己後悔不已。

而且，只要你表現出這種盲目又衝動的舉動，即使只有一次，也會被他人貼上「不理性」的標籤。

如此一來，無異於阻礙了自己往後的人際關係和發展。

有一位畫家，受僱在一座建築物的頂端畫一幅幅壁畫。

這個畫家對於這項委託非常認真，每畫到一個段落，就會抬起頭，在懸空的平台上欣賞。但是，這幅畫實在是太大了，他每次抬頭，就會離平台的邊緣越來越近，位置也越來越危險。

隨著巨畫慢慢完成，畫家每次抬頭欣賞時，就不知不覺地越來越退後。

這天，他只顧著聚精會神、目不轉睛地欣賞自己的作品，完全沒有意識到已經退到平台的最邊緣了，只要再往後退一步，就會失足掉下平台。

這時，另一邊的助手發現畫家快掉下去了，大聲提醒他，但他依然沒有聽見，只顧著專心欣賞自己的傑作。助手沒辦法，只好衝到壁畫面前，拿起畫筆就往壁畫上亂塗。

畫家看見助手的舉動，氣得跳到壁畫前面，揮拳就朝助手打去；助手還來不及解釋，就因為閃躲畫家的拳頭，重心不穩而跌下平台了。

事後，畫家雖然明白了助手的苦心，對自己的衝動懊悔不已，可是這一切都

已經來不及了。

　　每個人的人生，就像四季循環一樣充滿變化。重點在於，當暴風雪的季節到

來，我們抱持著什麼心態渡過生命的冬天。

　　使我們感到憤怒、懊惱、痛苦、悲傷，或是消磨意志的，往往不是真的來自

環境的困劣，而是我們無法用超然的心境去面對。

　　當事情的進行或情況都順自己心意的時候，是沒有人會衝動發脾氣的；之所

以會衝動，都是在不如己意的情況下才會發生。

　　所以，要改變衝動的壞習慣，首先要改變觀念，建立「不可能事事都順自己

心意」的認知吧！只有擁有這種認知，才能在發生問題時，用最正確並且心平氣

和的方法解決。

充滿鬥志，人生就有新的開始

成功者即使到了生命即將結束的前一刻，仍然會憑著一股鬥志，也要讓生命精彩的部分發揮出來。

人生不可能重來，唯有保持高昂的鬥志，才可能讓人生有不斷發光發熱的機會，也唯有這樣，生命的意義與價值可以深化，那麼，有限的人生自然可以發揮無限的能量。

哈倫德靜靜地埋伏在草叢裡，他正等待著、思索著。他回想自己五歲喪父之

後，便靠著自己的力量長大，十四歲時，他從格林伍德學校輟學，從此展開了流浪的生涯。

他曾經在農場裡工作，也做過售票員，一直到十六歲時，他謊報年齡而開始了軍旅生活，但這些經歷全都是灰暗的，不管他怎麼回想，似乎從小到大，每一個階段的不順遂，在在預示著他這一生要悲慘度日。

即使退伍後，他的日子依舊悲慘如昔，他怨恨地對自己說：「認命吧，哈倫德，你永遠都無法成功了。」

把思維拉回到現實中，當時，他正躲在若阿諾克郊外的一個草叢中，因為，他正計劃著一項綁架行動。

他觀察到，有一戶人家的小女孩，每天下午都有一段固定的玩樂時間。

但是，他等了一個下午，女孩卻在這個關鍵時刻消失了，突然覺得受挫的他，氣憤地想：「我還是無法突破這一連串失敗的命運！」

後來，他考進了一家餐館主廚兼清潔的工作，而且一做就將近十年，直到他接到了退休通知時才驚覺，他的人生已經過了大半。

他認為自己一生還算安分，包括他那次未遂的綁架念頭，因為，當初他要綁架的小女孩，其實是自己的女兒，在行動失敗後的第二天，離他而去的母女倆再次回到了他的身邊。

如今，他們虛度了大半輩子，一家人卻一無所有，要不是郵遞員那天送來第一張社會保險的支票，他還不會意識到自己已經老了。

當哈倫德拿到那張保險支票時，承辦人員對他說：「我們實在很同情你，其實年輕時你擊不中球，就不必再繼續打了，現在該是你放棄一切，好好退休、養老的時候了。」

退休那天，餐館裡的同事與老顧客對他說：「我們會想念你的！」

看著插了六十五根蠟燭的生日蛋糕，加上一張政府寄來的退休金支票，以及附註的話：「你年紀老了，好好退休吧！」

當看到那「老」字時，哈倫德心頭一震，氣憤地拿著那張一百零五美元的支票，對自己說：「我就不相信，我的人生只有這樣！」

於是，六十五歲的哈倫德憑著這張支票，開創一番嶄新的事業。

後來，他的事業可說是欣欣向榮，八十八歲時，更是發展到巔峰。

六十五歲才開始激發昂揚鬥志的哈倫德・桑德斯上校，就這樣以第一筆社會保險金創辦了全世界聞名的肯德基炸雞連鎖店。

一生充滿傳奇與顛簸的桑德斯上校，雖然歷經了五十年的窮困潦倒後，才找到人生的方向，但是在他生命終結的時候，伴隨他的是成功的榮耀又有多少人回頭計算他那五十年的潦倒時間呢？

其實，生活隨時都可以改變，人生也隨時可以有新的開始，可能與不可能的關鍵，不在於你的年齡或能力，而是你有沒有「鬥志」！

從桑德斯上校的身上，我們可以看見，成功者之所以永遠能戴著成功的光環，那是因為他們即使到了生命即將結束的前一刻，仍然會憑著一股鬥志，也要讓生命精彩的部分發揮出來，一點也不願浪費。

過多的猶豫，只會讓人更憂鬱

是否需要反覆分析，總要視情況而定。勇敢做出決定，不管是要或不要，我們都不會再有後悔的時候。

日常生活中，機會其實處處可見，我們之所以會錯失良機，常常是因為猶豫的時間太久，讓機會從自己的手中流失。常因為猶豫的心情而錯過機會的人，總要到最後才發現自己當初過於多慮。

其實，多想一想並沒有錯，只是別花太多時間鑽牛角尖，那不僅無助於釐清心中想望，反而會讓自己一再錯過機會。

「不後悔」不是建立在「不猶豫」的基礎上，真正的人生哲學是以「做出正

確的決定」爲依據。

我們要做出最好的決定，然後心甘情願爲決定後的結果負起責任，無論生活出現什麼樣的轉變，都不會再有後悔的時刻。

他是個哲學家，天生有著一股特殊的文人氣質，這個優雅的氣質吸引無人的目光，不知迷倒了多少女孩。

這天便有個女子對他告白：「娶我吧！我想成爲你的妻子，相信我，除了我之外，你再也找不到比我更愛你的女人了！」

看著眼前勇敢的美麗女子，哲學家有些心動，但依然回答：「對不起，我要好好考慮一下。」

之後，哲學家果真用他研究學問的精神考慮這件事，只見他將結婚與不結婚的好處和壞處條列式都寫下來，最終發現：「怎麼會好壞一樣呢？唉，反而讓我更不知道該如何選擇了！」

哲學家再度陷入苦思，原本是積極活潑的思考情緒，轉成苦思困境。他不只找不到結婚的壞處，也找不出結婚的好理由，便這樣困在婚姻的抉擇中。

終於，哲學家再一個轉彎思考，總算得出一個結論：「是的，面臨抉擇而無法取捨時，我應該選擇還未經歷的那一樣。仔細想想，要是不結婚的話，很清楚的，我的生活仍將一如往昔。至於結婚，這是我未經歷也猜想不到的……嗯，我知道該怎麼做了！」

那他到底決定怎麼做呢？

他決定和那個女人結婚。

這天，哲學家拿著禮物來到女人家中，卻沒遇見那個女子，只見到她的父親。

哲學家依然鼓起勇氣提親：「先生，請問您女兒在嗎？請您告訴她，我已經考慮清楚了，我決定娶她為妻！」

沒想到，女子的父親卻冷淡地說：「終於想通啦！很抱歉，你遲到十年，我女兒現在已經是三個孩子的媽了。」

「這……我……」哲學家當場崩潰，萬萬沒有想到「深思熟慮」之後，換得

的卻是一場空。

兩年後，抑鬱成疾的哲學家臨終前，忽然將自己所有著作全丟入火堆中，然後拿出一張紙，寫下這麼一行字：「將人生分為一半，前半段的人生哲學是『不猶豫』，後半段人生哲學是『不後悔』！」

人生哲學若真能像哲學家那樣清楚分割，世事就不會那麼難解了！其實，是否需要反覆分析，總要視情況而定。

不是當下做了就是對，當然，也不一定認真想半天就能得出正確的答案。

不少人也和故事裡的哲學家一樣，遇到機會時，心裡總想著許多可能和猜測，只是他們遲遲下不了決定的原因，卻不是因為事件本身有問題，考量的更不是事情的好與壞，而是任憑心情天馬行空地作怪。

他們心中明明很愛，卻偏偏裝作無所謂，或是強裝很理性、很有智慧，只是惺惺作態了大半天，以為可以多保有一點面子，或是少一點傷心機會，結果卻因

為多慮，最終只得面對錯過與悔恨啊！

面對愛情，哪需要花上十個年頭折磨自己？

只要單純問自己，想不想有個人陪伴，想不想有個溫暖的家，然後給個簡單的「要」或「不要」的答案就夠了。

很多事情也是如此，保持愉快、客觀的心情，我們自然會聽見真誠而確實的心音；勇敢做出決定，不管是要或不要，我們都不會再有後悔的時候。

多一點理性，愛才能多一點肯定

情感是欺騙不了人的，愛與不愛確實需要勇氣，可是更需要理性，只有感性和理性同行，才能等到真正的愛情。

喜歡看愛情故事的人，看盡愛人之間的癡戀，卻總得不出真愛要訣。一肚子對現實愛情的怨懟，卻忘記愛情世界的真諦。

苦戀的情節確實讓人同情，然而想牽手一輩子也不容易！倘若捨不得共享生活中的一切，談及付出時總不忘計較，那麼在決定套上婚戒的那一刻，還是理性地再思量一下吧！

這個村莊有棵老樟樹，樹身得由五個人手牽手才能圍住它，老一輩的人都說

它是「姻緣樹」，當地因它衍生出不少美麗故事。

這天，一對兩小無猜的男孩女孩請姻緣樹作見證，小男孩從地上撿起一塊尖

尖的小石頭，使勁地在月老樹上畫了一顆心，還將自己的名字刻上，接著便將石

頭遞給了小女孩。

女孩滿臉通紅地接過小石頭，也在那顆心上刻下了自己的名字，這時男孩忽

然搶過小石頭，在心邊刻下：「我永遠愛妳！」

女孩笑著搶過石頭，然而當她剛寫下「我」字時，女孩的母親忽然出現，大

聲地叫喊著她，嚇得女孩急忙跑回家。

第二天，男孩問女孩：「昨天妳想刻什麼？」

女孩卻笑著說：「這是秘密，才不告訴你。」

兩個人從兩小無猜到了熱戀情人，一路相伴到成年，女孩後來考上了大學，

男孩卻落榜了，從此情人兩地相隔。

為了負起家計，男孩不再升學，決定靠自己的力量開創一片天。他從姻緣樹旁邊的草地開始起步，從放牧到農莊，事業一步步茁壯成長。

「不管我在哪裡，我一定會回來，然後在姻緣樹上刻下我沒刻完的字。」這是女孩那年離開時塞給他的信。

但是，後來女孩全家卻搬離當地，男孩從此失去了女孩的消息。五年過去了，男孩的生意越做越好，已是鎮上的有為青年。由於事業有成，相貌也不差，當地女孩們對他無不傾心。

但年輕人始終拒絕，因為他一直相信那個諾言，為了這個諾言，他強忍著寂寞和思念。有一天，男孩收到女孩母親的一封信，要他死了那份心，男子看了十分傷心，但卻依然掛念著，每當來到姻緣樹下時，臉上仍流露出聽到諾言之時的幸福笑容。

「不！我知道她一定會實踐諾言！」

男子忘記了那封殘忍的書信，決定相信女孩會回來，用工作來忘記悲傷和思

念，並天天來到姻緣樹下，等待未完成的允諾！

有一天，男子很早起床，也照例先來到姻緣樹前，遠遠的，他看見一個女孩身影佇立在姻緣樹下：「是她嗎？」

男子加快腳步跑近，一靠近時卻不見女孩的身影，但是看到了過去他們刻的「我」字後面新刻了「也是」兩個字！

「是她！她回來了！」男子轉念一想，忍不住激動了起來，著急地繞著樹身，才一轉彎便見那個女孩站在他的面前。

「回來了！」男子哽咽著說。

「嗯，我回來了！」女子紅著眼眶，微笑地說。

結局十分美好，如此癡心的「等待」想必感動不少易動的心，也必然羨煞不少一樣苦戀中的癡情男女。只是，這樣的等待，雖能得出一段佳話，卻也有值得省思的另一面。

我們都會支持兩顆真情相戀的心，只要在歷經現實考驗之後，依然堅持相守，仍能堅毅陪伴，這樣的情侶才是天上人間的最佳配對，因為兩顆心已成同顆心，相信直到終老，他們也會是讓人羨慕的老戀人。

反之，癡心單戀的人，兩份心思情感各異，徒見一方苦苦等待，最終總是一個苦字，要盼望結成甜美果實恐怕不易啊！

想對著喜歡的人說「我回來了」時，別忘了，要先確定對方是否也有相同的等待。情感是欺騙不了人的，愛與不愛確實需要勇氣，可是更需要理性，不要任憑單方面的愛意，自以為對方也有同等的心情。只有感性和理性同行，才能等到真正的愛情。

PART 4

別讓內心慾望
主導人生方向

只要每分每秒都能執著認真，
不讓內心的慾望主導人生的方向，
任何片刻都將能寫下一份永恆且
卓越的人生成績單。

放下心中的包袱，才能輕鬆上路

放下該放下的，也丟開不必要的擔心吧！輕裝上路，你才能快樂前進，也才有足夠的力氣與空間，容納沿途發現的珍寶。

古代哲學家歐里庇得斯曾說：「一天一天地活下去，不要求更多的東西，從而得到生活的樸素精髓，這樣的人最快樂。」

近代勵志作家哈伯德也曾經這麼說道：「最大的快樂，並不是你得到什麼東西，而是在於你放下什麼東西。」

在人生各個階段中，定期解開你身心上的「包袱」，才能隨時找到減輕壓力、負擔的方法。

有一年，英國著名作家理查・賴德和一群好友相約到東非去探險。抵達目的地時，他們才知道，東非正逢乾旱，氣候酷熱難耐，這趟旅程恐怕會比想像中還要艱辛、漫長。

為了順利完成探險，理查臨時追加了許多生活用品。

只見，理查和友人們背起了大小行囊，來到了東非的一個小村子，尋找這次探險的導遊。

不久，當地的酋長帶來了一名經驗豐富的村民。

出發前，他們依照慣例，請導遊檢查他們的裝備是否齊全。

然而，就在檢視理查的行囊時，導遊突然停下動作，轉身問道：「理查先生，你認為，你有必要帶這麼多沉重的東西嗎？你認為，這些東西能為你帶來安全和快樂嗎？」

理查聽見時，忽然楞住了。

塞滿物品的背包，確實是件沉重的負擔，未來還有好長的一段路要走，肯定會更加辛苦。

為此陷入沉思中的理查，忽然想到：「背著這麼多的東西上路，真的有必要嗎？這些東西真的都是必要的嗎？背著這麼多的東西，會讓我的旅途充滿快樂嗎？」

於是，理查再次整理他的背包，發現背包裡的東西有很多是非必要的，只是他似乎有點遲疑，導遊見狀忍不住又說：「輕裝上路吧！」

理查一聽，笑著點了點頭，將所有不必要的東西全拿了出來，贈送給當地的村民，一下子讓原本沉重的背包縮小許多，當然也變輕了許多。他也發現，自己在情緒上似乎也有了小小的變化，那是一種卸去重擔的快感，減少束縛的自在感。

少了負重前行的疲累和煩惱，這趟旅途對理查來說，無疑是全新的體驗，因為輕裝前進而變得輕鬆愉快，雖然氣候酷熱，心情卻滿是喜悅，觸目所及更是處處皆味盎然。

而他也深刻地體悟到：「生命裡填塞的東西愈少，就愈能發揮潛能。」

因為「擔心」，我們總是不斷地給自己不必要的壓力，也因為「放不下」，讓我們經常背負著不必要的沉重包袱，這些都是拖累我們生活步伐的重要原因，也是阻礙我們思維靈活變通的主要原因。

「你快樂嗎？」當故事中傳遞出這樣的疑問時，你是否也忍不住重新審視著自己，發現自己看見了什麼問題？

你是否也和導遊一樣有著相同的反思：「身上背負著那樣沉重的包袱，怎麼能輕盈前進，享受旅途中的美麗呢？」

放下該放下的，也丟開不必要的擔心吧！輕裝上路，你才能快樂前進，更重要的是，你也才有足夠的力氣與空間，容納沿途發現的珍寶。

夢不難圓，只怕沒有決心實踐

許多人面對夢想時，心心念念的不是「夢想目標」而是「夢想難圓」，展開實際行動前，就抱著「失敗」的心態看待夢想。

十分崇拜林肯和華盛頓的勒格森‧卡伊拉，經常對自己說：「我要靠自己探尋最佳的生活方式，然後取得讓人難以置信的成功！」

正因為這份決心，讓他走出了不同的未來人生。

靠著雙腳拓展出寬廣視野的勒格森，是如何得此成就，或許透過下面這則故事便可得知，說不定從中能讓你有一番新的啟發。

勒格森‧卡伊拉是個非常努力尋求改變，而且勇於面對挑戰的孩子。在他還只是個非洲小男孩時，和村裡的許多小朋友一樣，總認為住在老家學習只是浪費時間而已，直到一位傳教士闖入了小勒格森的生活才有了轉變。

那位傳教士不只告訴他林肯和華盛頓的故事，還送給他兩本改變他一生命運的書，一是《聖經》，另一本是《天路歷程》，就是這兩本書點燃了他的希望夢想：「我一定會照著自己的方式去生活，我要像林肯一樣克服貧窮，克服困難，成為一名偉大的人。」

一九五八年十月，勒格森帶著只夠五天的食物和那兩本書，以及一把防身用的小斧頭和毛毯，堅定地踏上他求學之路。但勒格森並不知道他要上哪所大學，更不知道有沒有大學會接納他。

從開羅走到美國有三千英里之遙，勒格森卻一點也不畏懼：「我一定要照自己的方式過生活！」

勒格森曾經因為疲憊，幾度想放棄，但他最後都堅持走下去。只要一翻開那

兩本書，讀著那些熟悉又激勵人心的字句，他的信心和堅強便會讓他再度恢復力

量，支持著他繼續前行。

走了十五個月，近一千英里的路程，他終於走到了坎培拉，這時他的身體越

發健壯，途中累積的經驗，讓他有了比同齡超過許多的智慧。

他在坎培拉待了六個月，這六個月他不只打工賺生活費，還把握時間到圖書

館閱讀了大量的書。

當他找到一本圖文並茂的美國大學指南時，被其中的一張插圖深深吸引，那

是坐落在湛藍天空下的學府，名叫斯卡吉特峽谷學院。勒格森仔細地閱讀簡介，

心中也越發堅定「非它莫屬」。

決心要達到目的的勒格森當然不會讓自己閒著，立即寫自薦信給該學院主任，

仔細說明自己的情況，並積極向學院申請獎學金。但是再有信心，仍然擔心斯卡

吉特會拒絕他，因而勒格森不厭其煩地一封又一封地寄出申請信件，積極為自己

爭取機會。

這份誠意與毅力確實迷人，主任還真被這個年輕人的決心感動了，不僅接受了他的申請，還提供他一筆獎學金和一份工作。

一九六○年十二月，歷經二年多的行程，勒格森·卡伊拉終於來到了斯卡吉特峽谷學院，捧著那兩本書，驕傲地跨進學院的大門。

畢業後，勒格森並沒有就此滿足，選擇繼續深造學習，最後，他成為劍橋大學教授，同時也是一位人人敬重的作家。

因為心中緊抱夢想，更堅決執著地要完成它，勒格森·卡伊拉終於如心中預想的，到達了心中盼望的天堂。

這個奇蹟般的力量不是天神賦予的，而是「決心」創造的。

或許有人要質疑，為何神奇的決心能在勒格森身上大放光芒，偏偏在自己身上卻看不見呢？

原因很簡單，許多人面對夢想時，心心念念的不是「夢想目標」而是「夢想

難圓」，展開實際行動前，就抱著「失敗」的心態看待夢想。正因為選取的角度

不同，所以勒格森能，絕大多數人不能。

再回到故事中，仔細地看著勒格森累積的腳步，一步又一步，幾千幾萬里的

路在他的決心下一步步走完，這種意志力又是多少人難以企及的？試想我們才走

個幾百公尺就開始喊累了，又遑論要如何圓夢呢？

「夢想不難達成，只要你有決心，不輕易退縮，當你嚐盡苦頭時，將發現自

己已不知不覺來到了夢想的彼岸。」這正是勒格森達成目標時真正要與我們分享

的感言。

冷靜保持智慧，才能找到機會

發現機會不難，難得的是你是否有敏銳的觀察力和判斷力。唯有放下哀痛的情緒，才能處理好迫在眉睫的困厄。

能用心觀察與學習的人，在別人跨一步時，他們已研究如何讓兩步併作一步的技巧，目的不是為超越別人，只是為了突破生活的極限。

你呢，是否知道怎麼突破生活的有限？

方法其實很簡單，只要自己充滿自信活力，培養足夠的機智膽識，人生路自然就能走得輕鬆自在，瀟灑寫意。

集中營裡，有個猶太人對他的兒子說：「孩子，我們什麼都沒有了，但還有

智慧，記得，當別人說一加一等於二時，你要能想到大於二呀！」

集中營裡，約有五百三十六萬七千二百四十個人被毒死，唯獨這兩名父子奇

蹟般存活了下來。

一九四六年，他們來到美國，在休士頓從事銅器生意，有一天，父親問兒子

一磅銅的價格，兒子回答：「三十五美分。」

父親說：「對，全德州的人都知道每磅銅的價格是三十五美分，但身為猶太

人的兒子，應該說三‧五美元。現在，試著把這一磅銅做成門把看看。」

二十年後，猶太父親辭世，由猶太兒子獨自經營這間銅器店，他謹記父親的

教誨，進行多方嘗試，曾將銅器做過銅鼓或瑞士鐘錶上的簧片，甚至連奧運會的

獎牌也試過。

當他把一磅銅做成昂貴招牌時，還以三千五百美元賣出，這時他已經是麥考

爾公司的董事長。

不過，真正使他揚名立萬的是紐約州的一堆垃圾。一九七四年美國政府為清理自由女神像翻新後的廢棄物，公開對外招標，請人幫忙處理，但是等了好久都沒有人投標。

當時，正在法國旅行的他聽說後，立即飛往紐約，然後沒有條件地當即就簽下約，扛起這件吃力不討好的工作，不少人笑他呆。但轉眼間，廢物成了寶貝，不禁讓人們看呆了。

他把廢料分類，將廢銅熔化，鑄成小自由女神像，餘下的木頭則加工成底座，其餘像是廢鉛、廢鋁則變成了鑰匙。甚至連女神身上掃下的灰塵，他都沒錯過，小心翼翼地將它包裝起來，然後賣給花店當盆栽材料使用。

只有三個月的時間，廢棄物便換得三百五十萬美元，特別是那些銅，一磅的價格整整翻了好幾倍。

發現機會不難，難得的是你是否有敏銳的觀察力和審時度勢的判斷力。對猶

太兒子來說，能獲得成功是很平常的事，因為死裡逃生的人，總是比一般人更明

白「要好好活」，也懂得要「怎麼活」！

非常時代的意外與無奈，雖然造成了不少悲劇故事，但順利活下來的人們，

總不忘積極改寫人生命運，因為他們從生死關頭中學會了珍惜。

就好像那個猶太父親一般，當別人哭泣生命將逝的時候，他卻把握機會將智

慧留給他的下一代，鼓勵孩子將悲傷的心情暫時放在一旁。

為當下努力而活才是最重要的，唯有放下哀痛的情緒，才能處理好迫在眉睫

的困厄。猶太父親想告訴自己的孩子是：「生命一定會有奇蹟，只要你能看得見

生命智慧。」

是的，生活奇蹟便是靠著人類智慧成就而得，無論市場的銅價值如何，終究

是由人們訂定的，相對的，握在你我手中的事物，全看你我怎麼賦予新義，並為

它們加碼增添價值。

想要揚名立萬不難，希望有一天名揚四海也非難事，重要的是你是否有創造

的決心，又是否能不在乎世人的異樣眼光和嘲笑，能執著專注於心意已決的目標，

要求自己全力衝刺。

「積極生活是我們應該抱持的生活態度，發現機會之時，要審慎評估，並大

膽嘗試、一加一會大於二，是因為兩個一相加的同時，還加上無法估計的智慧！」

這便是猶太兒子累積父親和自己學習而得的智慧結果，聰明的你，是否已從中得

到了另一番新啟發呢？

不要用僥倖的心情處理事情

自己的實力是否充備，要有一定的認識，知道不足，便要
先積極自我充實，不要用一時僥倖的心情處理事情。

習慣誇大自己才能的人，常常要面臨謊言被戳破的尷尬難堪場面。因此，人
前人後，有幾分功力說幾分話，不必要的油醋千萬別亂加，免得著了火，到時想
滅都滅不了。

其實，能力和經驗是累積出來的，不怕自己有所欠缺，就怕明明不懂卻偏偏
裝高手，自知實力不足之時就謙卑以對，不要抱怨別人不給自己機會！

知道功力還差三分，就好好把那三分充實起來。眼前機會雖然不等人，但待

實力累積夠了，也有十分自信迎接各項挑戰時，更好的機會勢必會源源不絕地迎面而來。

有個年輕人拿著自己的履歷來到一間科技公司，客氣地向櫃台人員說：「我要應徵工作。」

事實上，公司並沒有刊登廣告要招募新人，但櫃台小姐聽見後，還以為公司真要招聘新人，因而撥了電話向人事經理報告。經理了解情況後，又以為可能是總經理親近的人，於是再撥了電話向總經理詢問，沒想到了解情況後，得到的結果卻是公司根本沒有要聘新人。

「還是讓他上來，看看他到底有什麼本事。」這個主動大膽的年輕人挑起了總經理的好奇心，決定破例讓他試一試。

只是當他們開始與這個年輕人面談後，卻大失所望，因為他表現得實在很糟糕，不只對公司概念模糊，就連基本的英語會話也說得七零八落。經理忍不住揮

了揮手，說道：「好了，你可以回去了。」

「對不起，我有些緊張，也確實還沒準備好，請再給我一次機會。」年輕人尷尬地說。

「那就等你準備好了再來吧！」總經理不耐煩地說。

一個星期後，年輕人眞的再次走進科技公司的大門，但這次他依舊沒有成功過關，不過經理倒是發現，比起第一次，他的表現好許多了。

不過，總經理仍然這麼回答：「等你準備好了再來。」

就這樣，年輕人先後走進公司大門五次，最後終於被錄用了，甚至還成爲該公司接下來重點培植的員工之一。

故事中的年輕人看起來頗讓人敬佩，但事實上，眞要讓人感到敬佩的，卻不是一再嘗試的年輕人，而是大方惜才而且願意給年輕人那麼多次機會的總經理。

因爲，即便年輕人膽量十足，但明知準備不夠充分卻還匆匆上陣的態度，確

實有著必須檢討的空間。

設身處地想想，如果是你，相同的機會你會怎麼把握？

是同樣帶著不到五成功夫就急著去爭取機會，還是會預先加滿了油後再以十分的自信向對方爭取？

現實社會中，面試官不會有太多耐心，他們不會奢望搞不清楚自身實力的新人肩負起多麼重要的責任或機會。

聰明人有十分把握才做十分事，把每一次機會都握在手中。自己的實力是否充備，要有一定的認識，知道不足，便要先積極自我充實，不要用一時僥倖的心情處理事情。

既然下定決心設定自己的人生目標，更要紮實補強能力，才能帶著不凡的信心，向既定的夢想目標前進。

別讓內心慾望主導人生方向

只要每分每秒都能執著認真，不讓內心的慾望主導人生的
方向，任何片刻都能寫下一份永恆且卓越的人生成績單。

從出生開始，每一個生命都是靠自己的力量長大，再艱困的難關，只要願意
保持樂觀心情，就一定能熬過、走過。

別問別人能給我們多少幫助，要問自己能給自己多少支持和突破的決心。人
生的路程得靠自己前進，再多的外力支持也比不上我們雙手支撐的力量。

上帝忽然想到人間走走，途中遇到一個正在鑽研人生問題的智者。上帝看著想到發呆的智者，走近他身邊問道：「朋友，我也正為人生感到困惑，要不要一塊兒來思考討論呢？」

智者一看，正要問他是誰時，上帝又說：「只是單純地討論問題，聊完了我們就分手了。」

智者點了點頭說：「好，我明白了。我總覺得人類是很奇怪的動物，時而非常理智，時而做出極不理性的行為，特別是常在大方向中迷失。」

上帝嘆了口氣說：「我也有同感，人們很容易厭倦童年，急著長大，但長大後卻又渴望返老還童；健康時不肯好好珍惜健康，總愛用健康來換取財富，最後才又逼著自己放棄財富去換取健康；說到未來，一個比一個還要焦慮，但對於當下，卻沒有一個人肯好好面對。結論是，人們既沒有好好生活在當下，也沒有認真看待未來生活；活著時好像永遠不會死，但瀕死時個個卻又好像從來沒活過一樣，什麼人生如夢……」

「研究人生的問題，的確是件耗費時間的事，不知道您是怎麼利用時間的

呢？」智者問。

「時間？我的時間是永恆的，只要人們對時間有了真正透徹的了解，自然會懂得什麼是人生。時間包含著機遇、規律和人間的一切，好像新生命、新經驗和新智慧，人生有許多非常重要的東西等待我們自己去開發。」上帝說。

智者靜靜地聆聽上帝的每一句話，上帝卻不再開口，只是拿起手中的書，指著書上的幾行字給智者看：

人啊，你應該知道，不可能取悅於所有人；

人生，最重要的不是擁有什麼，而是去做什麼；

富有，不是要擁有很多，而是要讓貪慾少一些；

要深度傷害一個人只要幾秒鐘，但治療它卻要用很長很長的時間；

別忘了，有人會深深地愛著你，但他們常常不知道要如何表達心中的愛；

唯一金錢不能買到，卻能讓你免費擁有的珍寶，是幸福；

寬恕別人和得到別人的寬恕是不夠的，你還要能寬恕自己；

每個人都愛玫瑰，但喜歡它不是非得把它那扎人的刺除掉不可，你要學會不

被它的刺傷到，還要能小心呵護它無傷；

最重要的是，很多事錯過了就不再，但錯過了，事情便會出現改變。

智者看完了這些文字，說：「這根本只有上帝才能……」

智者話還沒說完，才發現書捧在他手中，眼前那個人已經不見了。忽然，從

天上傳來一個聲音：「對每個生命來說，最重要的是，只有自己才是自己的上

帝。」

聽見「只有自己才是自己的上帝」之時，你的心是否也為之一振？

不為取悅他人而為，生活的定義無非就是我們要做該做的事，讓日子少一點

慾望，這些都是我們日常中最常思考的事。接下來的愛與寬恕，認真珍惜，更是

我們經常期勉自己要做到的生活態度！那些事不是只有上帝才做得到，只要我們

願意，這一切都是我們做得到的，所以上帝在寓言故事中傳達如此旨意：「你就

是自己的主宰！」

無論迷失與否，也不管生活過得多麼荒唐紛亂，這一切都是我們自己親手完成的成績單。

我們應當用心生活，不輕易錯過任何機會，如果錯過了，也要更加勇敢向前。

世事隨時都在變化，只要每分每秒都能執著認眞，不讓內心的慾望主導人生的方向，任何片刻都能寫下一份永恆且卓越的人生成績單。

克制享樂心情，才能處理好事情

要拒絕誘惑，時時對自己的貪婪慾望、享樂心情說「不」，克制無謂的消費慾念，自然能早早擺脫月光族之林。

「卡奴」和「月光族」是現代社會的新名詞，若以過去常用的詞彙解釋，其實代表著「慾望」。

不是嗎？若非貪戀一時的慾望享樂，手中的卡片又怎麼會刷爆一張又一張？

若非貪圖奢華，日常開支又怎麼會老是透支呢？

生活掌握在自己手中，不必要的消費動作必須加以克制，別說這事很難，只要有決心，克制慾望絕對比想像中容易簡單。

佩佩剛成爲大學新鮮人，家裡每個月都會給她一萬元當生活費。對一個學生來說，一萬元理應夠用了，可是佩佩還是覺得手頭很緊，因爲只要同學們邀她參加聚會，她就一定會參加，拒絕的話讓他覺得很沒面子。

她常常毫不遲疑就說「好」，就算月底財務吃緊，還是會點頭說「好」，然後跟著朋友們到處吃吃喝喝，胡亂消費。

有一天，姨媽來找她，要她陪伴吃飯，但此刻的佩佩口袋裡只剩二千一百元，心想還得靠這僅存的二千塊活到下個星期呢！「這可怎麼辦？算了，還是去吧！怎麼說都是姨媽呀！」

佩佩知道有間合適的自助餐廳，在那兒她們一個人只要五十塊就能吃得飽飽，這樣一來，她就可以勉強靠那二千塊撐到月底。

見面時，姨媽先問：「到哪兒好呢？午餐我吃得少，太多了可吃不完。」

佩佩點了點頭，帶著姨媽往自助餐店走去，但就在接近時，姨媽突然指著對

街的「義式家常菜」說：「那家看起來很不錯，我們到去看看吧！」佩佩一看，心涼了一半，那家店價格可不便宜呀！但她還是說：「好。」

「總不好跟姨媽說我的錢不夠，那兒太貴了，改天再去吧！那裡的東西確實好吃，唉，算了，還好今天錢都帶出來了。」佩佩安撫著自己，至於明天之後，她不敢再想下去了。

服務生拿出菜單，佩佩點了最便宜的餐點，只要一百五十元，至於姨媽點的則是偏貴的一道，要五百四十元，佩佩這會兒心中盤算著剩下的錢：「唉，只剩一千四百一十元了。」

「還需要什麼嗎？」服務生問。

「對了，我們這裡有道招牌菜，叫啤酒鴨，您要不要試試？」

「好，來一盤試試，聽說很美味，佩佩，妳要不要來一些？」姨媽問。

這下，佩佩心裡有點慌了，「如此一來，不就只剩一千六百塊了嗎？那未來一個星期，我要喝西北風啊！」心裡雖然慌，但佩佩還是沒有拒絕，仍然點了點頭說：「好！」

跟著，服務生很好心地又來推薦所謂的招牌蛋糕和招牌咖啡，聽得佩佩頭都

昏了，最後服務生又端來一些免費招待的水果，只見佩佩大口大口地吃著，直到

服務生把帳單送來，「二千一，謝謝！」

佩佩拿出二千一，然後尷尬地看著姨媽。

「口袋裡的錢都掏光啦！這是妳全部的錢？」姨媽問道。

「嗯！」佩佩點了點頭。

「妳要請我嗎？但這是妳僅有的生活費，不是嗎？」姨媽開心之餘，仍然關

心地問她。

「嗯，沒關係的，姨媽，只要您高興就好了。」佩佩說。

「佩佩，妳是學語言學的吧？」姨媽問。

「是。」佩佩說。

「好，讓我考考妳，妳知道所有的語言當中，哪個字最難念？」姨媽問。

佩佩搖了搖頭，說：「我不知道耶！」

「是『不』啊！妳得學會說『不』，知道嗎？我早猜到妳月底肯定又口袋吃

緊了，姨媽是想給妳一個教訓，故意不停地點最貴的東西，並注意著妳的表情，可憐的孩子！」她付完帳後，還給了佩佩二千塊當生活費。

「不是所有交際應酬都必須參加，妳現在還只是個學生，凡事要懂得量力而為啊！生活開銷更要有規劃和計劃，明白嗎？」

姨媽再次叮嚀了佩佩，佩佩則點了點頭，說：「我明白，姨媽。」

在這個「月光族」眾多的社會中，佩佩的情況想必讓不少人心有戚戚焉，甚至怨嘆不已，只是那麼多的嘆息和埋怨，眞要責怪的人還是自己！

說害怕朋友不再理睬只是藉口，煩惱面子掛不住更是存心推諉，簡單歸納原因，大多數的月光族說穿了，都是因為過度的享樂主義！

他們一次幾千塊、幾萬塊地消費，總說是要好好犒賞自己的辛苦生活，可是最終得出的結果，卻是更加辛苦的還債生活，貪圖一時的快樂享受，顧前不顧後，這般慘況實在怨不得人。

心力交瘁地背負著「卡奴」之名，能怪銀行刻意誘惑？

當然不行了，要怪也得怪自己任由無盡的慾望指揮，只顧眼前狂歡狂喜，卻忘記思考明天恐怕要樂極生悲！

佩佩姨媽強調「不」字，不只教導佩佩要開源節流，更要懂得掌握自己的生活方向，而不是一味地配合著朋友腳步卻忘了自己的步伐。姨媽還教導了我們一件事：「生活中，要拒絕誘惑，時時對著自己的貪婪慾望、享樂心情說『不』，克制無謂的消費慾念，自然能早早擺脫月光族之林。」

誇大的心境容易使人陷入窘境

只要自覺累積不夠，就回頭先好好充實自己。抱著自以為是的心態處理事情，只會使自己陷入窘境。

為了爭取機會，有的人會故意誇大自己的能力，然而，是否能表現出十足自信卻又是另一回事。畢竟，滿口謊言的人自然擔心謊話被發現，更擔心著別人進行測驗。

日常生活和工作場合中，我們不難發現，這一類總是誇口說大話的人眼神必然飄忽，甚至坐立難安，心慌得想要遁逃了。

有家著名的國際貿易公司正在招聘業務人員，應徵者中有位年輕人的條件極佳，畢業於某所著名的大學，又有三年的相關工作經驗。當他出現時，整張臉充滿了自信。

「請問，本公司的主要業務是做什麼的？」主考官問道。

年輕人說：「蔬菜進出口。」

「蔬菜呀，那能不能請你說一說，對業務人員來說，到底是產品重要，還是客戶重要？」主考官又問。

年輕人想了想，回答說：「當然是客戶重要了。」

主考官點了點頭，又問：「好，你也累積了三年的經驗，應該知道新鮮蔬菜的特性。這些蔬菜中，菠菜出口的主要對象是日本，據了解，以前的銷售情況很好，可是近幾年銷售成績卻不理想，對此你有什麼看法？」

年輕人頓了一下，只說：「因為菜不好。」

「為什麼不好呢？」主考官問。

年輕人又頓了一下說：「嗯，就是品質不好。」

主考官看了看他，問道：「你從沒去過產地吧？」

年輕人看著主考官，沉默了幾秒鐘，沒說是或不是，卻反問他：「你怎麼知道我沒去過？」

主考官笑著說：「如果你去過，就應該知道為什麼菜不好。一般人都知道，蔬菜採收的最佳時間只有十天，這段期間內的菠菜鮮嫩好吃，太早了不行，晚了一天就變老了。要保持鮮度，採收後要將菜攤開放在地上晾一天，第二天得翻身，然後再晾一天，等水分蒸乾後才能把菜裝箱。不過，據我了解，當地農民為了多採多賣，把蔬菜全採回家，卻又等不及自然晾乾，將菜放在熱炕上烘，儘管只烘兩個小時，但也把菜的滋味全烘不見了。雖然經過加工處理讓菠菜的外表上看起來一樣，可是其中口感已經天差地別了呀！」

年輕人尷尬地說：「我沒有去過產地，所以不知道你說的這些事。」

年輕人低著頭走出公司大樓，原本有希望入選的他，最後沒有被錄取。當然

他自己也知道，他們是不可能錄取像他這樣一個在外貿公司工作三年，整天只會陪客戶吃飯，卻沒下半點功夫，毫無專業可言的業務人員。

看著年輕人失去機會，不知道是否讓不少人也心驚膽顫起來？看看四周，很多人不也像年輕人一樣，才會一點皮毛便強裝無所不知，四處誇耀自己與某某名人有多熟，總是忘了謊言被戳破時的尷尬與難堪。

沒有人是萬能的，即便某個領域非常專精的人，也不敢說自己無所不能，因為學習無涯，我們始終有學習不完的東西。

因此，我們時時要以謙卑的態度面對人事，若抱著自以為是的心態處理事情，只會使自己陷入窘境。

如果自覺累積不夠，就回頭先好好充實自己，若自知專業能力不足，從現在開始便要認真學習，才能保障自己在最佳機會出現時，能一手把握，絕不錯過。

多給自己信心就能扭轉命運

面對困境，面對殘缺，我們可以這麼相信，這是上天給我們的特別考驗，千萬不要氣餒，多給自己信心。

身體的殘缺並不可憐，可憐的是心的殘缺，一顆不願扭轉命運的心最為可憐；

身陷重重困難並不悲慘，真正的悲慘是那些坐困在逆境中，不願拯救自己，只懂哀嚎、埋怨的人。

有一個從小就失明的盲人，自從懂事以來，便一直為了這個天生的缺陷而煩

惱、沮喪。

他心裡相當不平衡，經常對人們抱怨說：「這一定是老天爺故意要給我的懲罰，我這一輩子肯定完了。」

有一天，他向指導他的老師抱怨時，老師開導他說：「你知道嗎？這個世界上的每一個人，其實都是被上帝咬過一口的蘋果，所以每個人都是有缺陷的，只是有些蘋果被咬得比較大口而已。」

老師接著說：「不過呢！這些蘋果之所以會被咬得比較大口，那是因為上帝特別鍾愛這些蘋果的味道呀！」

這個盲人一聽，頓時領悟，他開心地微笑說：「謝謝您，我明白了！」

受到相當鼓舞的他，從此開始振作起來，決心要向命運挑戰。

不久之後，他便成了一位非常著名的推拿師父，幾乎每個人來到診所中都指名要他醫治。

曾經有人問起他的成功，他總是笑笑地說：「感謝上帝讓我失明！」

好一句「感謝上帝讓我失明」，能樂觀面對人生的人，又怎麼可能會看不見

自己瑰麗的將來呢？

面對困境，面對殘缺，我們可以這麼相信，這是上天給我們的特別考驗，千

萬不要氣餒，要多給自己信心。

因為，一旦遇到了困難，只要我們願意勇敢面對，接下來我們便會得到上天

的支援，感受到老天爺的關愛！

所以，我們會經常聽到一些成功人士這麼說：「感謝老天爺，要不是當初跌

的那一跤，今天的我恐怕不會那麼成功。」

只要願意面對，便能把握住機會

成功者沒有絕對的條件，只要放下自怨自艾的心態，踏實
也務實地規劃未來，無論在任何領域中，都能把握機會。

認真執著是生活的首要條件，踏實用心是成功的不二秘訣，每個人都會遇到

各種人生考驗，無論其中過程如何艱難，最後總要走過。

面對問題時，遇上難題時，除了勇敢迎向它外，就是認真執著且踏實用心地

面對它，走過它。

在某個貧窮村莊裡，有兩個兄弟相依為命。

這天，十六歲的哥哥帶著十四歲的弟弟到附近的碼頭找工作機會，就算只是幫有錢人提袋子的機會也好，無論如何都得先賺個幾塊錢，別讓肚子空著。

兄弟倆在碼頭轉了一整天，一點收穫也沒有，眼看天要黑了，哥哥抱著弟弟忍不住哭了起來，就在這個時候，有艘大船靠岸，兩兄弟像是看見希望一樣，急忙上前探尋。

然而，當他們打聽清楚以後，才知道這是一艘販賣人口的船，哥哥連忙拖著弟弟急忙跑開。但餓了那麼多天，他們連走路都有問題了，更別說跑步，一下工夫，兩個瘦弱的小伙子便被一名壯漢硬拖上船。

就這樣，小兄弟成了人口販子的奴隸，跟著船四處流浪，哥哥最後被賣到較富庶的芝加哥，弟弟卻被賣到貧窮的東南亞某處。

哥哥遇上一個白白胖胖的孤寡老頭，每天幫這個老人家煮飯、洗衣服，雖然忙碌，但總算衣食無缺。直到三年後老人死去，他才被其他家人趕到街上。

好在，工作認真負責、做人老實的哥哥，很快地便找到一間小飯店的工作。

他什麼事都肯做，讓飯店主管非常肯定，發展也越來越順暢。

幾十年過去了，哥哥腳踏實地，處世極為謙虛誠懇，娶妻生子後，總不忘記告訴孩子：「你們雖然讀了很多書，但做事一定要實實在在的，不可好高騖遠，安安分分做好每件事才是最重要的。」

抱持著務實的觀念，哥哥成為芝加哥僑界最具聲望的領導人物，開了兩間餐館、兩間洗衣店和一間雜貨舖，而且子孫滿堂，一個個也成就非凡。

至於讓哥哥牽腸掛肚的弟弟，其實過得也不錯。被賣到落後國度的弟弟，到了一個橡膠園當廉價勞工。

聰明的他得到不少人的肯定，其中一個人，便是橡膠園園主的寶貝女兒，經過一番競爭，弟弟不僅贏得芳心，同時也獲得了園主的肯定。

當了乘龍快婿的他，得到岳丈的支持，開始積極求學，大學畢業後，大膽地投入房產業。幾年之後，他擁有的資金快速成長，接著開始涉足金融業，不斷地收購、擴張企業，生意越做越大。

這個弟弟後來成了出色的銀行家，也繼承了岳父的產業，一九八八年，失散

四十多年的兄弟碰巧在返鄉尋根的時候找到了彼此，這時的他們再也不是當年的貧苦小兄弟。

所有的苦難都會過去，只要願意面對，就可以從中到機會。

小螺絲釘也有大作用，好的角色不在於是否光芒四射，而在於是否淋漓盡致地演出！就像戲劇裡的配角，雖然戲份不重，但好的配角總是最能吸引觀眾的注意。弟弟的成功確實讓人佩服。論膽量，哥哥確實比不上他，但若論思考的周延，對人事物的謙和，又屬哥哥最為人敬重。

我們大可依自己的個性與特質，選擇喜好的角色來學習，只要能充分發揮所長，只要能各自發現自己的價值，在廢棄物堆中也能得出一番成就。

英雄不論出身高低，成功者沒有絕對的條件，只要放下自怨自艾的心態，踏實也務實地規劃未來，無論在任何領域中，都能把握機會，都會是最具特色也最出色的主角。

PART 5

機會是否存在，
取決於心態

別再用心情處理事情，
不要忽略了生活中的每一個細節，
學學堅持與不放棄，
認真地檢查你的態度吧！

樂觀讓生活處處都有希望

對樂觀的人來說，眼前的失敗是一個經驗，即使不小心跌倒了，也只是拍拍身上的灰塵，然後站起來，輕鬆地往前走。

你有沒有發現，每當你遇見悲觀的人，即使再好的心情，都會被他們被攪得非常糟亂。反之，當你與樂觀的人接觸時，就算低氣壓的心情也會立即被對方的樂觀所感染，還會告訴自己：「像他們那樣，快樂地過日子不是很好嗎？笑一笑，什麼難關都會過去的！」

愛迪生一天工作十八小時以上，而且樂在其中，他經常對人們說：「工作有

成就，是人生真正的樂趣。」

這位大發明家還認為：「睡眠就像服用藥物一般，一次用量太多，腦袋會變

得更加不清醒，所以，我認為休息是一種浪費的行為，不僅活力減少了，還會錯

過許多機會。」

於是，致力於研究發明的愛迪生，三十歲發明了留聲機，將聲音錄在唱片裡，

讓人們可以永遠聆聽。接著是電燈泡的發明，進一步開啟了新世界，更照亮了全

世界；其他像是擴音器、影印機、醫學用的螢光屏，鎳鐵電池和電影……等等，

都是他緊緊把握住時間所換來的發明。

曾經有人質疑過：「難道他從來都沒有失敗過嗎？」

當然有，而且他失敗的經驗比任何人要多，就像他發明的第一件專利品「電

動投票記錄器」，就是一個很好的例子。

當時他申請專利權時，完全申請不到獎金，而這份心意也得不到議員們的支

持，國會並不願意購置這個記錄器。

還有一次，他傾盡家產，設計了一款用來分離鐵礦中雜質的機器，最終因為人們發現了豐富的高質鐵礦，而令這項設計完全白費。

然而，面對種種困難與失敗，愛迪生卻從未氣餒，他時常對合作夥伴們說：「我們沒有失敗，因為我們已經知道了，有一千種計劃是行不通的，經歷過這些失敗的經驗之後，我們很快地就會找到成功的方法。」

曾經有一次，他最重要的經濟來源，那間製造電影、唱片等器具與設備的工廠，不知何故，頃刻間毀於一場無名火中。

當時火勢相當猛烈，一直到第二天清晨才控制住，當火勢才稍稍變緩，愛迪生便召來全體員工，大聲宣佈：「接下來，我們準備重建！」

於是，他開始派任每個人一項任務，有人去租附近的舊工廠，有人則被派去商借伊利鐵路公司的大吊車，當一切都指派完成後，樂觀的大發明家忽然補充一句：「唔，有誰知道哪裡可以弄到錢嗎？」

這個問句令在場所有人都停下了手邊的工作，紛紛吃驚地看著他，只見愛迪生若無其事地微笑說：「舊廠燒了也好，我們可以在廢墟上建立一座更大、更好

的工廠，不是嗎？這一切也算是因禍得福吧！」

　　心理學家賽爾格曼曾經指出：「樂觀的人，身心比較健康，也比一般人更善於解決問題。」

　　對照愛迪生的這則軼聞，我們不僅可以佐證這個理論，更能提供我們一個成功解決問題的方向。在我們的身邊，便有許多抱持樂觀與悲觀態度的人，而我們也不難發現他們成功與失敗的原因。

　　對樂觀的人來說，眼前的失敗是一個經驗，即使不小心跌倒了，也只是拍拍身上的灰塵，然後就站起來，輕鬆地往前走。而對悲觀的人來說，眼前的失足，恐怕會影響到往後的步伐，可能會擔心未來的日子怎麼辦？

　　於是，從愛迪生解決問題的過程中，我們也學會了一件事：「樂觀一點，機會就不易失去。」

得失心少一點，快樂就會多一點

何必因為意外的得失自怨自艾？別把得失看得那麼重，不管生活貧困或富有，只求生活快樂最重要。

有段生活禪詩是這麼寫的：「春有百花秋有月，夏有涼風冬有雪；若無閒事掛心頭，便是人間好時節。」

只要得失心少一些，我們的心田自然能容納更多的富足感。

只要內心富足，我們就不會因為得失而陰晴不定。

尤里斯是個很有才氣的畫家，在他的作品中，總是能感受到一份快樂的情緒，

他曾說：「人生很快樂，所以我喜歡畫快樂的世界！」

這天，有個朋友拿著彩券走了進來，看見尤里斯又在辛苦作畫了，忍不住勸

他說：「尤里斯，勸你還是去買張彩券試試運氣吧！只需花兩馬克，你就有機會

可以賺到很多錢。」

尤里斯笑著說：「好哇！」

沒想到第一次買彩券，尤里斯居然中了五十萬馬克。朋友羨慕地說：「沒想

到你這麼幸運，一次就中，以後你可以不必再畫畫了！」

尤里斯笑著說：「是啊！以後，我只需要在支票上畫數字就可以了。」

賺了一筆意外之財的尤里斯，立刻買了一幢別墅，還花了一大筆錢裝飾這間

房子。屋子完工後，尤里斯獨自來到屋子裡，感受一下新房子的氣派。

尤里斯滿足地坐在華麗的波斯地毯上，仔細欣賞著華麗的新房子，並點燃一

根煙，靜靜地感受這個意外之財帶給他的幸福。但是，這樣的幸福感卻不持久，

只見他站了起來，吐了口氣說：「真是孤單，還是到朋友家去吧！」

他隨手把煙一丟，便走了出去。

他完全沒料到，這個很平常的丟煙動作，卻把他的幸運一瞬間燃燒精光。

因為，他忘了，這個地方不像過去的那間石屋，鋪在地上的不再是粗糙耐用的石板，而是脆弱易燃的波斯地毯。

朋友們知道這個不幸的消息，紛紛前來安慰尤里斯，有人說：「尤里斯，你真是不幸啊！」

只見尤里斯不解地問：「為什麼不幸？」

朋友以為尤里斯傷心過度，忘了發生什麼事，便提醒他：「你好不容易得到五十萬馬克啊！真沒想到就這麼一下子，全部又沒了。」

尤里斯看著朋友，接著開朗地大笑說：「什麼五十萬馬克？其實，我只損失兩馬克而已呀！」

人若是不能用平常心看待財富，就會患得患失，就像英國諺語所說：「財富

在辛苦中得來，在憂慮中保持，在悲傷中失去。」

如果，用金錢換得的全是孤單和寂寞，有多少人真的願意一個人獨坐在寂寞的金山上呢？意外之財本來就不是我們的，當它意外地消失時，多數人不過是回到原來的生活而已，並沒有任何損失，何必因此自怨自艾？

所以，別把得失看得那麼重，學學尤里斯吧，得到或失去的心情，無法撼動他對人生的看法。不管生活貧困或富有，只求生活快樂最重要。

看事情的角度，決定你是否幸福

有人只知怨天尤人，無法以客觀的角度將一切事情看個清楚，必須放下埋怨、不平的心情，才能理智看待一切。

一九三四年的春天，愛波特在威培城西道菲街散步的時候，目睹了一件事，

在灰暗的天空中，如果看得見一道曙光，那麼你的人生就沒有什麼「不可能」的！

不要讓低迷的心情影響你的決定，而要試著改變看待事物的角度。告訴自己，

你的人生烏雲密佈，找不到方向嗎？

也因為這件事，讓他的人生觀有了重大的改變。

在這件事發生之前，愛波特有一間已經開了二年的雜貨店，但是，這間店的生意並不好，不但把他的積蓄都賠光了，還負債累累。不久，他便把雜貨店給關了。雖然店已經關門了，但還是必須先把貸款還清，才能回到故鄉堪薩斯重新開始。

生意經營失敗的愛波特，因為這個打擊，失去了一切的信念和鬥志。就在這個時候，有個失去雙腿的人朝著他的方向走來，這個缺腿的人坐在一個木製的車子中，靠著雙手的力量拄著拐杖往前滑走。

兩人剛好在過馬路時相遇。缺腿的人滿臉精神微笑地向愛波特招呼著：「先生，您早啊！今天天氣真好，不是嗎？」

愛波特看著他，突然間感到非常慚愧，忍不住低下頭，看著自己健全的雙腿，心想：「我多麼幸福啊！我有兩條健康的腿可以走路，再看看人家，失去了雙腿卻還能這麼快樂，這麼充滿自信，我還有什麼地方不滿足？」

心中有了這樣的對比，愛波特忽然覺得，自己是全世界最幸福的人，心情也

開闊了起來。

原本還在煩惱貸款的他，決定鼓起勇氣，再向銀行借了二百元，並在他跌倒的地方，重新開始。

後來，他每天早上梳洗時，都會仔細地讀一遍鏡子上的文字：「我憂鬱，因為我沒有鞋；我幸福，因為我看見他沒有腳！」

有句俗諺這麼說：「你騎馬來我騎驢，看看眼前我不如；回頭一看推車漢，比上不足比下餘。」

幾乎所有的人都要經過比較，才懂得這番道理；然而還是有很多人，就算有得比較，仍然看不見這番道理。

有人看見推車漢，從此懂得知足的幸福；有人看見騎馬人，只知怨天尤人，即使看見推車漢，也無法以客觀的角度將一切事情看個清楚，只會怨懟：「唉，活在這樣的世界真不幸啊！」

你怎麼看待你的世界呢？

不努力的人請往上比較，不知足的人請往下體會，必須放下埋怨、不平的心情，才能理智看待一切。

這個世界就是這樣，它的多元，不只是在功成名就的層面上，更存在於我們追求的幸福人生中。

實際行動勝過揣測不定

生活中不免遇到問題，何不放下不安的心情，少一點想像
和猜測，多一點勇氣面對與積極解決的行動力？

每當一種新食品出爐時，我們總會對內容物充滿複雜的感覺，因為好奇所以
想試一試，卻又擔心口味不對胃，這時有人會等待別人先嘗試，有人會自己積極
嘗試，不知道你常怎麼決定？

人生中的各種問題其實就如同嚐鮮一樣，擺在心裡好奇不已，想試卻又不敢
試，因而遲遲無法決定的情況，不就像解決問題或邁向新生活目標一樣，只是那
麼多遲疑，對我們有何助益？

不妨聽服務生的話：「試了就知道」，大膽一試之後，自然就會知道東西到

底對不對胃，事情到底容不容易解決。

在某個菜園裡，擺放了著一顆很大的石頭，寬度大約有三十五公分，高度有

十二公分，曾經走進菜園的人，幾乎每一個都會不小心踢到那顆大石頭，不是被

大石頭絆倒，就是被它尖銳的角刮傷。

有一天，小女兒忍不住對父親埋怨地說道：「爸爸，你為什麼不把那顆討厭

的石頭挖走呢？」

農夫爸爸回答說：「妳說那顆石頭啊，它可是從妳爺爺那個時代就有了，而

且一直從以前放到現在，其實，老爸也不是沒想過要搬移它，可是妳看看，它的

體積那麼大，真不知道要挖到什麼時候呢？何必浪費時間去挖它，只要我們小

心點走路就好了。再退一步想想，我們還可以藉此來訓練自己的反應能力，不是

挺好的？」

就這樣，這塊惱人的大石頭再次被保留在原地，繼續考驗著這一家人的「忍耐力」和「反應能力」。

又過了不知道多少年，這顆大石頭已留到了新一代出生，當年的小女孩已經結婚生子了。

有一天，女婿來到女孩家，被派到園子裡摘點新鮮蔬菜，只是女婿才剛走出去，不一會兒工夫便見他氣呼呼地走回到屋裡，並對著家人說：「爸爸，菜園裡那顆大石頭擺在那兒實在不安，改天請人搬走好了。」

老爸爸還是笑著說：「算了吧！那顆大石頭看來很重的，再想想，要是可以搬移的話，早在我小時候就被搬走了，哪裡會讓它留到現在呢？」

女婿聽了雖然不大認同，但也不好反駁，只是心裡默默地想著：「不行，不搬開的話，大家不知道還要跌倒多少次，還是把它搬開吧！」

第二天早上，只見女婿一個人帶著一把鋤頭和一桶水來到菜園裡，先是將整桶水倒在大石頭的四周，約莫等了十分鐘之後，再舉起鋤頭，輕輕地在大石頭四周攪鬆泥土。

女婿原本心裡已經做好準備要花一天的時間來挖，未料，竟不用十分鐘就好把石頭挖起來。原來，這看起來沉重的大石頭，埋在土地的面積居然不到土壤外的百分之一啊！

雖然農夫一家人都討厭那顆大石頭，也都覺得它阻礙了大家的生活腳步，但是農夫卻沒想到往後生活、工作的便利性，只想著搬移石頭的困難度，也只顧著找各種理由和藉口推諉，始終不肯試一試。若非女婿的積極嘗試，這一家族的人恐怕要受困於這顆「大石頭」一代又一代。

從農夫身上反省我們自己，是不是也曾有過相似的狀況，又是否也曾因為一些無謂的猜想煩惱，而讓自己始終困在原地踏步？

眼前的大石頭不搬開，或許真能訓練我們的耐力與敏銳度，但若是這麼想，搬移了石頭，我們不僅能多空出一小塊土地發揮，行動也能不再因閃神而受傷，不是更一舉兩得！

生活中我們不免遇到難以解決的問題，也總會想著其中的麻煩，猜測著可能難度，但無論我們怎麼臆猜，事情總要解決面對，陷在猜疑不定的心情裡，不可能將事情處理好。

既然如此，何不放下不安的心情，少一點想像和猜測，多一點勇氣面對與積極解決的行動力？

早一點把問題解決，才能少一點「早知道」的遺憾。

機會是否存在，取決於心態

別再用心情處理事情，不要忽略了生活中的每一個細節，
學學堅持與不放棄，認真地檢查你的態度吧！

機會人人都有，只是每個人等待機會到來的時間長短不同。

但是，從另一個角度來說，機會並不是人人都有，因為每個人等待機會到來的耐心，也是長短不同的。

不要忽略了生活中的每一個細節，即使只是張履歷，也要因應不同的公司特質，針對他們需求的條件認真地修改，才能展現你的誠意。特別是在寄了一百封應徵信還得不到回應時，你該做的是改變心態，而不是情緒化的處理方式是不可

對你有幫助的。

三年前，四十歲的喬伊遭到公司無預警裁員，一家人的生活頓時陷入困境。

為了養家活口，他只好四處打零工，賺點錢維持家計。

喬伊一邊打工，一邊尋找正職，但是面試時，他們不是以年齡太大拒絕，就是說沒有空缺。雖然處處碰釘子，喬伊卻從未失去信心。

有一天，他發現住家附近有一家建築公司，於是他寄了第一封求職信到這間公司。信中他沒有吹噓自己的才能，也沒有提出任何要求，只簡單地寫了七個字：

「請給我一份工作。」

老闆收到這封求職信後，便直接轉交給秘書，要他們回覆喬伊：「對不起，公司沒有空缺。」

喬伊收到回信後一點也不難過，又寄了第二封求職信去，還是沒有多說自己的才華，只是在第一封信上多加了一個字：「『請』請給我一份工作。」

從此，喬伊一天寄兩封求職信，而且每封信上都沒有多談自己的情況，只在信的開頭上，比前一封信多加了一個「請」字。

三年的時間，喬伊寫了二千五百封信，第二千五百封信的「給我一份工作」的前面，已經累積了二千五百個「請」字。

當建築公司的老闆見到第二千五百封求職信時，終於沉不住氣了，親筆回了一封信：「請即刻來公司面試。」

面試的時候，老闆告訴喬伊，公司裡最適合他的工作就是處理郵件，因為他很有耐心。

曾經有人問他：「為什麼你在每封信上，只增加一個『請』字呢？」

喬伊微笑地回答：「沒什麼特別的，因為我沒有打字機，這個動作是為了讓他們知道，這些信沒有一封是複製的。」

另外也有人問老闆：「您為什麼願意錄用喬伊呢？」

老闆幽默地說：「當你看到信上有二千五百個『請』字時，如果還不被感動，恐怕就有點冷血了！」

看完了故事，或許有人要嘲笑喬伊的笨或臉皮厚，但是不可否認的，因為他的「誠意」與「執著」，終於讓他找到了適合的工作。若是喬治因為一時的受挫，陷入灰心喪氣的情緒中，不願奮起振作，必然會失去工作的機會。

曾經看到一則報導，有個人應徵不下百間公司，而且不管應徵的職務是否相同，他寄去的履歷全是統一格式。

專家問他：「你的履歷表怎麼這樣寫？」

他說：「我又不是第一次找工作，隨便寫寫就好了！」

還在失業中的你，是不是也抱著這樣的態度，用隨便的心情找工作呢？

別用心情處理事情，別再抱怨自己找不到工作了，學學喬治的堅持與不放棄。

還有，認真地檢查一下你應徵的態度吧！

/ 207 /

不逃避，便能贏得敬意

一時的避和意氣，不可能將事情處理好，冷靜處理自己一時想逃避的心情，勇敢面對最忠實的理念，便能贏得所有人的敬意。

「人無信不立」，信譽是一種無形的資本，一個人的信用比有形的金錢或能力更爲重要。人們常說「信用即是財富」，便是這個道理。

一時的逃避和意氣，不可能將事情處理好，特別是情勢不利於你的時候，真正能得到人心的人，要有無人能比的信譽和信念。

當年巴黎公社失敗後，反動軍便開始屠殺參與者，刑場上，犯人一個個被押

到土牆前，等候槍決。

在典獄長的監督下，有十二名槍手執行槍決任務，這時有個十六歲的少年被

押了上來。

沒想到，少年忽然跪了下來，向獄長哀求：「先生，我的母親就住在附近，

我死後她就沒有依靠了。我這裡有只金錶，能不能讓我把金錶送給她後，再回來

等候槍決？」

典獄長看著少年，想起家中同齡的兒子，忍不住動了惻隱之心：「好，我相

信你，你去吧！」

其實，典獄長心中還想著：「他只是個孩子，放就放了吧！」

看著少年的背影，每個人都想：「他走了，還會回來嗎？別想了！」

沒想到五分鐘後，人們又看見少年的身影了！只見他氣喘吁吁地跑了回來，

還站回到堆滿屍體的土牆前。

少年堅強地說：「先生，謝謝您！您可以開始了！」

在這樣的情境中，原本充滿仇殺的氣氛忽然間都不見了，這個少年身上居然

充滿著勝利的驕傲，一種神聖不可侵犯的精神，正濃烈地散播著。

執行官呆了好久好久，當男孩緩緩地閉上雙眼時，他才艱難地舉起了槍，用

著顫抖不停的手，開了一槍……

因為對承諾的堅持，讓年輕人的精神不死，也因為他的誠信和勇於面對，反

而征服了敵人的心。

一旦偏離了誠信，想要看見成功的機會，恐怕很難了。

當你也被少年的誠信和信念感動時，不妨重新審視自己的待人處事方式，何

不用相同的方式面對未來？

冷靜處理自己一時想逃避的心情，勇敢面對最忠實的理念，便能贏得所有人

的敬意。

不強出頭，才能堅持到最後

做任何決定前，還是得衡量自身狀況，將一切控制在自己
能負擔的範圍內，才能達到最好的成效。

美國知名魔術師大衛・布萊恩為了創新世界紀錄，曾經在注滿水的玻璃缸裡

待了八天七夜。

這種「亡命」式的表演，雖然贏得紀錄，卻讓他的身體受到很大的損傷。

不管做任何事，都必須量力而為，過與不及都不是一件好事。

一九九九年冬天，法國某地舉行了世界性的吃蝸牛冠軍賽。來自各地的高手紛紛聚集於此，準備大顯身手。一位法國青年一鼓作氣，三分鐘內吞下一百七十二隻蝸牛，奪得了世界冠軍。

正當觀眾們熱烈地向他祝賀時，這位冠軍忽然腹痛難忍，倒在地上痛苦地打滾。救護車立即將他送到醫院，檢查結果是暴食暴飲引起的急性胃擴張，醫生千方百計地搶救，還是宣告無效，這位世界冠軍就這樣活活脹死了！

二〇〇〇年夏天，某城市一家新品種的啤酒問世，廠商為了促銷，就在市中心的廣場舉行喝啤酒大賽，得到冠軍的人可以獲得大筆獎金、一輛摩托車和一輩子喝不完的啤酒。

有一位壯漢在五分鐘內灌下了十一瓶鮮啤酒，奪得冠軍，廠商立即頒發獎金和獎品給這位壯漢。正當這位冠軍準備跨上摩托車耀武揚威之時，突然從座位上摔了下來。人們急忙把他送往醫院急救，經過檢查，確定為急性酒精中毒，立即展開搶救，二十四小時後壯漢才脫險。

可是，萬萬沒想到，過沒多久他又腹痛難忍，大汗淋漓，四肢發涼。醫生又

對他進行全面檢查，發現是合併急性壞死性胰腺炎。雖然再次全力搶救，但因病

情過重，兩天後死在急診室裡。

或許有人會說，那是因為吃了太多蝸牛、灌了太多的啤酒才會有如此下場。

殊不知，就算是水，喝太多也會導致死亡。根據一項醫學報導，人在短時間內攝

取過量水分，會使得腸道積聚大量水分，體內電解質濃度產生變化，被大量稀釋，

新陳代謝就會受到劇烈影響，使人意識不清、昏迷，甚至死亡。

挑戰人類的極限，或許對一些人來說是一生的夢想，就算丟了生命也無所謂。

但是做任何決定前，還是得衡量自身狀況，將一切控制在自己能負擔的範圍內，

才能收得最好的成效。

有想法，也要有做法。制定標準時，要以「剛剛好」為原則，才能讓自己用

更寬大的心胸、更廣闊的視野看待一切事物。

忘卻恐懼才最實際

生命最難過的不是面對死亡，而是不知道要如何生活。走在生老病死的人生路上，我們真正要煩惱的是要怎麼「生活」。

自古以來，哲人們對生死大事便有許多討論。

孔子說「未知生焉知死」，有人則認為「知死然後知生」。

這兩個看似相反的認知，其實要闡明的道理相同，就是要「把握當下，好好地活著」！

這天，哲學家藍姆‧達斯來探望一個罹患絕症的婦人。

只見這個婦人有氣無力地訴說著死亡的可怕：「唉，我就快死了！你還來看我，唉，人死了……」

藍姆‧達斯聽見婦人滔滔不絕地訴說著死亡的可怕與病痛的煎熬，忍不住搖了搖頭。

當婦人喘口氣，準備繼續說時，藍姆立即打斷：「您可不可以別花那麼多時間想像死亡？您何不把握時間，好好地活著呢？」

藍姆打斷她的話時，婦人情緒很差，但是，就在藍姆懇切地建議她，好好地活下去時，婦人忽然間也頓悟了。

她開心地說：「您說的對！這些日子以來，我一直忙著『死亡』的事，完全忘了該怎麼『活』，謝謝您！我明白了。」

一個星期後，這個婦人安詳地走了。

臨死前，她心滿意足地對朋友說：「這個星期是我生命中最精采的時光，真要謝謝藍姆‧達斯。」

想像自己正在生死關頭，你會怎麼看待這場生命最後的拔河賽？事實上，生命最難過的不是面對死亡，而是不知道要如何生活。走在生老病死的人生路上，我們真正要煩惱的只有一項，那就是要怎麼「生活」。

死亡的可怕不是因為死，而是很多人直到臨死之前才忽然發現，自己還有太多未完的遺憾。

精力充沛時，不覺得事情的重要，每天任由生命虛度；直到面臨死亡，才驚覺原來自己有這多事情要做，原來，人生這樣短暫、珍貴。此時，最需要做的便是忘卻未來死亡的恐懼，好好把握「現在」才最實在。

就像故事中的藍姆・達斯傳達的意思：「如果你還時間想像死亡，何不好好地活著？」

人生大事，不能衝動行事

人生路走得開不開心，我們時時都能深刻感受到，一旦發現不對，就要即時煞車，勇敢面對。

關於婚姻事，常有人自囿於年紀壓力，匆匆找個伴，婚後卻總是聽見他們懊悔：「當初真不該這麼衝動，真該想想清楚的！」

其實，做任何事本來就要想清楚，不能衝動行事，處世是這樣，待人更該如此，談感情更是要謹慎小心。因為，婚姻路一旦踏上了，就不像其他事可以輕易地隨時轉道，另闢新路了。

結束了近十年的婚姻，她如釋重負跑到海邊，大聲狂叫著：「自由了！我終

於自由了！」

將近五年的思索，她天天要求自己要冷靜客觀地剖析。在這三十三歲的人生

時刻，她忽然發現自己一直都生活在別人的陰影中，習慣以別人的標準和意思來

做事，甚少想過自己是否喜歡、是否開心，為了符合家人朋友的看法，她不斷地

委屈隱藏自己心裡的聲音。

她發現，之所以會有這樣情況全是父親的關係。在這個父權為重的家庭裡，

事事都得以「父」為尊，一切都得聽父親的指令，她和弟弟從小所有大小事情都

由父親做主，決定一切，誰都沒有發言權。

雖然中間尚有母親安撫說情，但母親過世後，父親大男人的個性變本加厲，不

僅事事干涉，甚至一不順心便會對他們又打又罵。後來，弟弟實在忍受不了離家出

走，讓她獨自面對承擔這一切。

少了弟弟，女孩便成了父親唯一的希望和寄託，女孩乖乖地照著父親的盼望

前進，也乖乖地完成了父親期望的每一件事。

一切事情看起來都十分順利。求學時期，她保持名列前茅，在老師們的眼中

是個難得的好學生，在同學的眼中更是個聰慧非常的好女孩，特別是在大學校園

裡，她更是成了不少男孩心底的夢中情人。

畢業後，在父親的安排下，她成為一位企業家的兒媳婦，也風光地冠上了總

經理夫人的頭銜，這對外人們來說自是十分羨慕。表面上看來，女孩擁有了一切，

日子也過得悠閒安逸，但是有個聲音卻悄悄地在她耳邊響起。

已為人妻的她，心中忽然堆起了一個又一個問號：「這就是我想要的人生嗎？

鏡子裡的人是我嗎？」女人忽然對人生感到前所未有的迷惑，看似擁有一切，實

則卻是一無所有。

也難怪她會有這樣的感覺，因為她的婚姻自始至終都是場交易，兩個人從未

愛過彼此，不是為愛結合的兩個人，感情上始終是空白的。貴婦日漸憂鬱，笑容

越來越少見，直到……

當丈夫被爆料醜聞醜聞的那一刻，婦人居然笑了，為何如此，連她自己也不知道，但是當丈夫醜聞消息曝光後，她卻一點也不生氣，反而很平靜地向丈夫提出了離婚要求。

一家人冷靜談過之後，女人很快就拿到離婚證書，二話不說離開這個生活了將近十年的家。

接下來呢？她沒有回娘家，而是在外面找了一間房子，重新開始她的人生，她決定要好好珍惜自己的下半生：「這個自由得來不易，不管別人怎麼看，我都要勇敢做自己想做的事，也要做些能讓自己真正感到快樂的事！」

想必不少人都會這麼覺得，這大約是古老年代最常見的情況，只是，現代人真的不會發生嗎？

別說政商間的交易婚姻，就連一般為結婚而結婚的人，不也是一種顧全面子而妥協的交易嗎？更有一些因為衝動而結婚，光想著一時快樂的戀人們，不也常

造成錯誤的結果？

有人因為在一塊久了，養成了慣性想法，卻忽略了心裡滿滿的困惑和無奈，說好聽叫負責任，但想想，這樣的結合真是給對方一個幸福交代了嗎？

故事中女主角的悲劇看似讓人同情，事實上一切卻是自己造成的！表面看來是個聽話的女孩，其實只是個不敢面對自己的人，人們同情她，說她是個孝順的女兒，但換個角度想，她不也是為了能符合人們心中的「孝順女兒」形象，因而事事順著人們點頭稱許的方向前進嗎？

不幸的婚姻從來不會是單方面的責任，該斷卻又斷不了，要斷卻又斷得不夠乾脆，究其原因，就像故事中女主角一樣，即便在談妥結婚的那一刻，她仍然不知道自己想要什麼樣的將來！

沒有人不能過自己想要過的生活，問題在於你是否有勇氣選擇。愛到底合不合適，我們早早就該冷靜想清楚，然後再做出最後的決定，如同人生路走得開心不開心，我們時時都能深刻感受到，一旦發現不對，就要即時煞車，勇敢面對，所以愛錯了要及早說再見，才不會被愛一傷再傷。

PART 6

控制情緒，
才能立於不敗之地

所謂的控制不是壓抑，
而是懂得適當地轉化自己的怒氣；
懂得支配自己情緒的人，
才能在人生中立於不敗之地。

爲自己打氣，才能發揮實力

在增進專業能力的同時，別忘了隨時給自己信心，兩者一併提昇，才能得到最好的成績。

現代社會中，工作的種類劃分越來越清楚，時代的趨勢也逐漸由「通才化」轉變成「專業化」，如何加強自己的專業知識和技能，無疑成爲每個上班族必須面對的課題。

然而，在加強專業知識和技能的過程中，很多人難免會對自己的能力產生懷疑，甚至遭遇失敗挫折，這時，適時地爲自己打氣，就比只顧著增加自己的專業能力還要重要得多了。

日本的戰國時代，有一個茶道專家很喜歡裝扮成武士。

有一天，這個專家一時興起，便穿著武士的服飾，帶著佩刀上街，沒想到，在街上卻碰到了一個真正的武士。

茶道專家看到真正的武士走來，心虛得連忙低下頭，快速地從武士身旁走過。

武士看到專家驚慌的樣子，心想他一定是假冒武士，才會這麼驚惶，於是就對專家說：「別走，我要和你決鬥。」

專家心想，要是跟真正的武士比武，一定會死在武士的刀下，但是自己好歹也是一個有名的茶道專家，絕不能死得太難看。於是，專家便使出緩兵之計，對武士說：「我有一件很重要的事要去辦，等辦完了這件事，我再來跟你決鬥。」

武士答應了專家的要求，這位茶道專家連忙找了一家著名的劍術道館，跟裡面的劍道師父說：「請您教我死得最漂亮的姿勢吧！我等一下要跟真正的武士決鬥，但我是一個茶道專家，根本不會劍術，一定會被殺死的，我希望至少能死得

像個一流的茶道專家。」

劍道師父聽完專家的話，不疾不徐地對他說：「我可以教你，可是，你要先泡一壺茶給我喝。」

專家心想，這可能是他這輩子最後一次泡茶了，於是用了畢生所學，泡一壺茶給劍道師父喝。

師父喝了之後非常感動，直說這是他這一生喝過最好喝的茶。

這時，劍道師父告訴專家說：「你去決鬥的時候，維持你泡茶的樣子就可以了，這是你最優美的姿勢。」

專家聽了劍道師父的建議之後，面對武士時便不再心虛，並且將本身的尊嚴全部激發出來。

武士看到專家的氣勢大為震懾，立即要求專家中止兩人的決鬥。

人生最大的困境，其實就在於我們不懂得在處理事情之前，先處理自己的心

情。成功的人，往往懂得控制自己的心境，失敗的人則容易困在情緒的框框裡作繭自縛。

面對不如己意的事情，一定要記得先處理好自己的心情，這將決定你最後是化阻力為助力，舉步向前邁進，抑或就此敗在惡劣的心情之下。

人生難免會有不順遂的時候，灰心難過也在所難免，但是，千萬不要讓自己的內心佈滿愁雲慘霧，也不要用幻想痲痺自己，試圖逃避現實，而要激勵自己充滿信心迎向前去。

古羅馬思想家西塞羅曾經寫道：「只有了解信心是生命真諦的人，才可以使短促的生命延長。」

故事中的專家因為對自己的專業產生了信心，所以才能不戰而屈人之兵，以本身的自信懾退對手。

在工作上也是一樣，除了擁有專業能力之外，一定還要加上對自己的信心，才能發揮出所有的實力。因此，在增進專業能力的同時，別忘了隨時給自己信心，兩者一併提昇，才能得到最好的成績。

控制情緒，才能立於不敗之地

所謂的控制不是壓抑，而是懂得適當地轉化自己的怒氣；

懂得支配自己情緒的人，才能在人生中立於不敗之地。

每個人都希望自己具備冷靜的判斷力，遇到緊急事情時，能迅速地做出正確的決定。可是，希望和現實往往存在著差距，事情發生的當下，大多數人仍然很難冷靜判斷。

其實，要保持冷靜只有一個方法，就是隨時隨地讓自己處於心平氣和的狀態，不要讓情緒做決定。做得到這一點，即使你意識到怒氣的存在，也能成功地自我控制情緒。

歐瑪爾是英國歷史上著名的劍術高手，他有一個實力相當的對手，兩個人互相挑戰了三十年，卻一直難分勝負。

有一次，兩個人正在決鬥的時候，歐瑪爾的對手不小心從馬上摔了下來……歐瑪爾看見機會來了，立刻拿著劍從馬上跳到對手身邊，這時只要一劍刺去，就能贏得這場比賽了。

歐瑪爾的對手眼看著自己就要輸了，感到非常憤怒，情急之下便朝歐瑪爾的臉上吐了一口口水。

這不但是為了表達自己的怒氣，也是為了要羞辱歐瑪爾。沒想到，歐瑪爾在臉上被吐了口水之後，反而停下來，對他的對手說：「你起來，我們明天再繼續這場決鬥。」

歐瑪爾的對手面對這個突如其來的舉動，感到相當訝異，一時之間顯得有點不知所措。歐瑪爾向這位纏鬥了三十年的對手說：「這三十年來，我一直訓練自

己，讓自己不帶一絲一毫的怒氣作戰，因此，我才能在決鬥中保持冷靜，並且立於不敗之地。剛才，在你吐我口水的那一瞬間，我知道自己生氣了，要是在這個時候一劍刺向你，我一點都不會有獲得勝利的感覺。所以，我們的決鬥明天再開始吧。」

可是，這場決鬥卻再也沒有開始。因為，歐瑪爾的對手從此以後變成了他的學生，向他學習如何不帶著怒氣作戰。

生命只有以自信做基礎時，才能產生非凡的價值，才不會被負面情緒牽著走，做出讓自己懊悔不已的事情。

誰能以自信的態度掌控自己的情緒，誰就能經營自己的生命。

不管處在任何環境下，人都必須控制自己的情緒，保持著頭腦的清醒；在別人暴跳如雷的時候，依然保持著鎮定與平靜；在旁人做出愚蠢事情的時候，掌控著自己的言行，如此方能成為一個身心平衡的人。

生氣固然是人人都會有的情緒反應，但是，想成為人生戰場中的常勝軍，你就得學會好好地控制它。

所謂的控制，並不是壓抑，而是懂得適當地轉化自己的怒氣。故事中的歐瑪爾就是因為懂得控制自己的情緒，最後不但少了一個敵人，也多了一個能相互砥礪的朋友。

情況再怎麼不如己意，也要放下心中的怒氣。人生勝敗的關鍵往往在於情緒的掌控，懂得支配自己情緒的人，才能在人生中立於不敗之地。

笑臉，就是成功的利器

良好的態度，才能給人留下良好的印象，如果想在工作上有更好的成績，別忘了，笑臉就是你最好的工具。

威廉・懷拉是美國人壽保險業的頂尖業務員，年薪高達百萬美元。

為什麼他能擁有這麼高的年收入呢？

有人分析說，秘訣就在於他擁有一張令顧客無法抗拒的笑臉，他的笑容能讓顧客產生信任和好感。但是，大家可能不知道，他那張迷人的笑臉並不是與生俱來，而是長期訓練出來的。

威廉原本是美國家喻戶曉的職業棒球選手，四十歲的時候，因為體力衰退而被迫從運動場上退休。

離開體壇的威廉必須重新尋找出路，於是到一家保險公司應徵推銷員。他心裡想，以他在美國的知名度，錄取應該沒有問題，卻沒想到，結果竟然是遭到對方斷然拒絕。

保險公司的人事經理對威廉說：「保險公司的業務員必須有一張能使顧客信賴的笑臉，雖然你的知名度很高，可是卻沒有這種特質。」

威廉並沒有因此而洩氣，反而下定決心，要讓自己成為一個能使顧客產生信賴感的業務員。於是，他每天在家裡放聲大笑，他的鄰居們都以為他因為失業導致精神失常；為了避免鄰居的誤解，他只好改躲在廁所裡練習。

過了一段時間之後，威廉去見人事部經理，向他展現學習的成果，可是經理卻仍然搖搖頭說：「不行。」

威廉並不放棄，還是每天不間斷地繼續苦練。他開始收集許多公眾人物的照片，隨時揣摩他們的表情，甚至還買了一面與身體等高的大鏡子，努力地練習自己的肢體語言。

經過一段時間的練習之後，有一天，威廉在家附近散步時，正巧碰到社區的管理員，便很自然地上前談天說笑。臨走之前，管理員對他說：「懷拉先生，你看起來跟過去不太一樣喔！」

這句話使威廉的信心大增，又去找保險公司的經理。經理看了威廉的表現後，終於對他說：「你及格了。」

想要成功地推銷自己，其實並沒有想像中那麼困難，方法只有放下身段，「熱忱工作」和「關照別人」。

假使我們能對自己的生活和工作充滿熱忱，常常設身處為別人著想，處處照顧別人的利益，別人自然會給我們相同的回報。

臉上掛著真誠的微笑，會使我們身上散發出吸引別人的「魔力」，和別人相

處之時，就會從先前的「相斥」變成「相吸」。

業務員是一個公司在外形象的代表，因此，要使顧客對自己的公司有良好的

第一印象，就不可以忽視笑容訓練。

其實，每個行業都一樣，唯有良好的態度，才能給人留下良好的印象，如果

想在工作上有更好的成績，別忘了，笑臉就是你最好的工具。

換個角度，就不會那麼痛苦

試著學習用正面的態度去看待挫折和困難，你將會發現，

原來你的不如意並沒有想像中那麼多。

蒙哥馬利曾說：「常常有些心懷不滿的人，他們不是不滿別人的偉大，而是不滿自己的渺小。」

就是因為不滿自己的渺小，所以人常常不快樂。看待事物的角度，往往會成為不快樂的起源。人生不如意的事十之八久，既然活在世上不能事事盡如人意，若要讓自己快樂，那就只有從調整看待事物的角度做起。

學會放下，才能真正活在當下，才不會用心情處理事情。

任何事情都有正反兩面，只要你能樂觀從正面看待事物，你就能將「不如意」

轉變成「如意」，就不會動不動就活在「不如意」的狀態裡。

有一個樵夫正愉快地哼著歌在山上砍柴的時候，突然間聽到從不遠處傳來一

聲轟隆巨響。

樵夫相當好奇，便急匆匆跑到巨響的來源，想要看看究竟發生了什麼事。

不久之後，他看到原來是一架滑翔機墜落到地面，而滑翔機的駕駛員正好垂

掛在樹枝上。

駕駛員狼狽地從樹上爬下來，看到在一旁觀看的樵夫，不禁感到尷尬，滿臉

沮喪地對樵夫說：「唉，我本來想要締造一項新的飛行紀錄，沒想到，最後竟然

會落得這麼狼狽。」

樵夫搖搖頭說：「其實，我並不覺得你失敗了啊！」

駕駛員覺得很奇怪，就問樵夫：「你為什麼這麼想？」

樵夫很認真地回答駕駛員：「因為，你是我看到的第一個不用從樹下爬上去，就能由樹上爬下來的人。」

駕駛員聽了更加不懂了，以為樵夫是在嘲笑他，便繼續問樵夫：「你說這話是什麼意思呢？」

樵夫笑著回答說：「你雖然沒有締造自己想要的飛行紀錄，但是不用爬樹就能從樹上下來，這不也算是一項難得的紀錄嗎？」

俄國文豪托爾斯泰曾經勉勵世人要有正確的生活態度，不要動不動就萌生負面情緒，老是跟自己嘔氣。

他是這麼說的：「生活不是辛苦的工作，而是愉快的享受。」

生活究竟是痛苦的折磨，還是愉快的享受，其實全在於我們的抉擇。

雖然，生活是艱苦的，失敗是難堪的，但是只要換個角度想，生活當中的種種經歷既是心靈的戰鬥，也是心靈的享受。如果你的快樂不是發自內心，而是必

須依賴外在的事物才能獲得，那麼，你的快樂只是海市蜃樓，一下子就會消失無蹤；唯有發自內心感到快樂，快樂才會長久。

法國文豪巴爾札克說：「人類總是愛和自己鬧對立，用自己目前的痛苦哄騙自己的希望，又用並不屬於自己的前程來欺騙目前的痛苦。」

正因為如此，當我們發現事實並不是自己想像的那麼美好，我們才會那麼沮喪失落，才會跟自己生悶氣。人要學會放下，活在當下，試著用正面的態度去看待挫折和困難，你將會發現，原來你的不如意並沒有想像中那麼多。

不受牽制，才能尊重彼此的價值

我們經常受制於外在的事物，也很容易被自己的情緒牽制，

導致各種背離人性的事情不斷地發生。

文壇大師白先勇曾說：「命運異於常人時，你只有去面對它，並接受它，若

一味逃避、怨憤、自憐，都無法解決你的難題。」

人生絕大多數的困惱，都來自於偏執和妄想。我們總是沉迷於無法挽回的過

去，總是幻想著不可預知的未來，既不願試著放下，也不願好好活在當下，才會

讓自己的生活滿是迷茫、愁苦與怨悔。

一九三六年，英國知名作家喬治・歐威爾偕同妻子，一同前往西班牙參加反

法西斯的戰役，在這場戰役中，他一度性命垂危，所幸有驚無險，老天爺及時保

住了他的性命。

返回英國後，歐威爾在《西班牙戰爭回顧》書中，提到了一段難忘的經歷，

這個經驗的分享給了讀者們極大的啓發。

他在書中寫著，有一天早晨，他們沿著陣地打狙擊戰，好不容易他也等到了

一個目標，那是一個光著上身，並提著褲子的敵方士兵。

這是一個殺敵的大好機會，瞧敵兵如此狼狽，歐威爾感到十拿九穩。但是，

當他準備舉槍射殺時，心中忽然有了遲疑⋯⋯

那時，歐威爾的手指霎時凝固似地，竟定在板機上無法動彈，那個冒失鬼便

在他的困惑中順利地走遠了。

之所以如此，是因爲在歐威爾心中油然生起這樣一個聲音：「你不可以朝著

一個提褲子的人開槍，因為在這個時候，他不能算是法西斯分子了，他顯然和你一樣，只是一個『人』！」

為什麼是一個「人」？

看見敵兵提著褲子時，歐威爾似乎也看見了一個神聖的「生命」，在他身上，歐威爾看不見血腥殺戮。

這名敵兵的確是個幸運的傢伙，被敵人救了還不知道，只因為，他也碰上了一個「人」。換做是另一個狙擊手，他的褲子肯定永遠提不上了。

故事到此，許多讀者紛紛回應著：「這就是人與士兵的區別，人的希望也在這兒。」

又有人說：「與其說是『歐威爾式』的行為模式，不如說這是『人』的行為態度。」

作為「人」的歐威爾，在文章最後提到：「即使我明知該名士兵或許不久之後，會用瞄準來回報我，但是，我仍然不會改變這個舉動，也絕對不會後悔這個決定。」

這是一篇頗富生命哲思的文章，我們不妨汲取故事的精神，放入我們的現實生活中做一番對照與檢視。

如果，凡事我們都能像歐威爾一樣，用「人」的角度看待事物，也許這個社會就不會有這麼多光怪陸離，甚至是失去人性的事情發生了！

我們經常受制於外在的事物，也很容易被自己的情緒牽制。或許，適度的受制可以精采我們的生活，但是，我們卻經常過度地被它們牽制，導致各種背離人性的事情不斷地發生，更讓本身的存在價值越來越低。

生活中最糟糕的狀況，莫過於任由負面的情緒牽著脖子走，凡事全看心情好壞做決定。

當情緒控制一個人的時候，理智就形同遭到綁架。因此，當你考慮如何解決問題時，千萬不能帶著仇視、憎恨、憤怒……等等負面情緒，否則就會淪為情緒的奴隸，做出讓自己後悔莫及的事。

瞋怒、怨恨的心情，往往會使小過變成大禍，不論當下覺得氣憤還是痛苦，都必須保持冷靜的心情，才能做出最正確的決定。

學習歐威爾，把心放在對等與尊重的平衡點上，只要我們能尊重彼此的價值與意義，那麼這個社會便會多一些包容與關懷。

感恩，才能讓你的成就更持久

如果當初沒有他人的幫助，誰也不會有今天這樣的成就，

只有懂得飲水思源的人，才能讓自己的成就更持久。

每個人在成功之前，一定都曾受過他人的幫助，因為一個人的力量有限，很難單憑一己之力達到目標。

如果想要維持眼前的成功，就不能高傲，更不能忘記那些曾經幫助過你的人，否則，你沾沾自喜的成功就會像曇花一般，短暫而無法持久。

在賽馬場上，有一位騎士正騎著一匹紅色的駿馬在場上奔馳，人和馬之間的節奏配合得天衣無縫。

因為兩者間完美的搭配，很快地超越了場上其他的騎士，成為這次比賽的第一名。

這個捧回冠軍獎盃的騎士，得到冠軍後的第一件事，就是回到馬廄，將辛苦的紅馬拴在馬廄裡，給牠最好的草料，並且對牠說：「盡情地吃吧，你辛苦了！

如果沒有你全力配合，我是不可能在這次比賽中得到冠軍的。」

騎士的朋友們知道他得了冠軍，紛紛來向騎士道賀。其中一人忽然間被一個東西絆倒了，低頭一看，才發現原來是一根竹竿。

這個人非常生氣，不悅地一腳踢開竹竿說：「這種沒用的東西，為什麼要放在馬廄裡面？」

騎士聽了之後，默默地撿起竹竿，很珍惜地把它放在牆角，然後對這個被絆倒的人說：「對你而言，它或許只是一根沒用的竹竿，但是對我而言，它卻是具有啟蒙意義的竹馬。小時候，因為我騎了這個竹馬，才開始立志要當賽馬騎士的，

如果沒有這個竹馬，就沒有今天的我了。」

生命是實踐願望的過程，過程中難免會遭遇失敗與挫折，也無可避免地會得到別人的激勵與幫助。

成功並不是一蹴可幾的，從實際的案例中，我們可以知道，許多偉大的人物之所以能攀登生命的巔峰，開創非凡的格局，都是因為當他們陷入困境的時候，別人適時地幫他們一把。

接受人家的幫助很容易，但是，要記住別人給予的點點滴滴，卻不是人人都做得到的事。

佛教強調「感恩」，就是告訴我們，如果當初沒有他人的幫助，誰也不會有今天這樣的成就，只有懂得飲水思源的人，才能讓自己的成就更持久。

不要被自己的思考模式限制

遇到問題時，不要被問題的外表迷惑了，只要換個角度或是換個方法，也許問題就能輕易地迎刃而解。

大多數人遇到問題的時候，很自然地會以「常識」作為解決問題的依據。

所謂常識，就是生活中日積月累的一些慣性思維，慣性思維的存在是有意義的，以此作為解決的方法也無可厚非。可是，人往往也會因為過於依賴常識，而被常識限制住思考空間，失去了隨機應變的能力。

腦筋僵化的人，一遇到突發事件或受到重大破壞力量時，便會驚惶失措，不知如何是好，這樣的人自然不足以讓人交付重大任務。

當別人束手無策時，知道應該怎樣辦的人，在別人陷入混亂時仍保持鎮靜的人，當重大責任加諸身上，面臨重大壓力也不會慌亂失措的人，才會到處受人歡迎，受人重視、肯定。

在古希臘的神話中，有一則「戈迪阿斯之結」的故事。

宙斯神殿裡，供奉著偉大的戈迪阿斯王的牛車，每個來到宙斯神殿的外地人，都會前去參觀。這部牛車上有戈迪阿斯王將牛軛繫在車轅上的繩結，每個人看到這個繩結，都會驚嘆戈迪阿斯王無以倫比的技巧。

「只有眞正的天才才能打出這樣的結來。」每個看過的人都這麼說道。

但是，神殿裡的祭司卻回答：「能解開這個結的人，才更了不起。」

「爲什麼？」參拜的人問祭司。

祭司回答：「因爲能解開這個結的人，就會成爲世界之王。」

從此以後，每年都有很多人來神廟試著解開這個結，可是因爲看不到繩結的

源頭，每個人都不知道要從哪裡著手。

如此經過了幾百年，神殿裡來了一位叫亞歷山大的年輕國王，當時他不但征服了整個希臘，還曾經率兵打敗了波斯國王。

亞歷山大仔細地看了看這個繩結，和所有人一樣找不到繩結。於是，他笑了，順手舉起佩劍一砍，霎時繩子斷了，繩結也因此解開了。

亞歷山大看著被他斬斷的繩子，驕傲地說道：「我就是世界之王。」

俄國文豪高爾基在他的代表作《人間》裡寫道：「生命的意義在於創造和改變；如果人僅僅是動物，而無法努力改變自己，為自己創造奇蹟，那麼，他的內心深處就不可能和諧，而會淪為一個虛偽的人。」

真正成就非凡的成功者，經常是那些勇於打破慣性思維的人，就像這則軼事中的亞歷山大大帝一樣。

也許你沒有顯赫的家世背景，沒有令人羨慕的耀眼學歷，但是，只要你願意

挑戰世俗的成見，願意不斷超越自己的思考模式，將每一個挫折都當作成功的起點，照樣會有輝煌的成就。

故事中所有想要解開繩子的人，都被習慣性的思考模式限制住了，總是想找尋繩結的源頭，想順著脈絡解開，最後當然無功而返。只有亞歷山大能夠跳脫這種慣性思維的束縛，因此當之無愧地成爲世界之王。

現實生活也是如此，遇到問題時，不要被問題的外表迷惑了，先讓自己保持冷靜，只要換個角度或是換個方法，也許問題就能輕易地迎刃而解。

與其抱怨，不如試著改變

如果你對現在的生活不滿意，那麼不妨鼓起勇氣，挑戰一下未知吧！說不定，更美好的生活就會出現在你面前。

無論任何動物，只要滿足於現狀，就很難再超越目前的生活環境，長久下來，甚至會面臨絕種的危機。

其實，不只是動物，人類也是如此，達爾文著名的《演化論》中「物競天擇，適者生存」的觀念，便很清楚地解釋了這個現象。

因此，我們必須時時提醒自己，停頓便等於落後，只有勇於嘗試，才能開創更好的生活。

法國科學家約翰‧法伯曾經做了一個著名的「毛毛蟲實驗」。

這位科學家選擇的毛毛蟲，具有跟隨的習性，總是會盲目跟著前面的毛毛蟲走，不會隨意脫離隊伍。

進行這個實驗時，法伯先把幾隻毛毛蟲放在花盆的邊緣，讓毛毛蟲們排列好，在花盆的邊緣圍成一圈，然後在離花盆不遠的地方，撒一些毛毛蟲喜歡吃的松針做為誘餌。

只要領隊的毛毛蟲開始移動，所有的毛毛蟲便一個接著一個地跟著後面爬。

爬了一圈又一圈，一個小時過去了，兩個小時過去了，接著一天過去了，這些毛毛蟲們還是不停地圍著花盆打轉，沒有一隻脫離隊伍，往不遠處的食物前進。

一連走了好幾天，這些毛毛蟲們終於因為飢餓和精疲力盡，接二連三的陣亡了。

其實，只要其中任何一隻肯轉換方向，嘗試新的途徑，就不會因為盲從而無知地死去了。

人不應該使自己淪為追隨別人的奴隸，也不應該被盲目的慣性動作牽著走，
任由自己的人生被外在事物支配。

無論在現實生活中遭遇到什麼不順心的事情，都要保持冷靜的頭腦，想辦法
把自己從逆境中拯救出來。

絕大多數的成功人士，並不見得比一般人更聰明，他們之所以成功，有時只
是擁有敢於向未知挑戰的勇氣而已。

所以，如果你對現在的生活不滿意，老是抱怨自己懷才不遇，那麼不妨鼓起
勇氣，挑戰一下未知吧！

說不定，當你跨出原有的圈圈時，更美好的生活就會出現在你面前。

掌握效率，才能贏得先機

在這個「時間就是金錢」的時代，只要你擁有比他人更多的智慧，就能比他人擁有更多成功的機會。

每個人都知道，在市場上，哪家公司先推出新的產品，那麼這家公司的產品就能獲得比較高的市場佔有率。

所以，若不想成為市場中的「跟隨者」，「掌握先機」便成了最關鍵的致勝原因。至於掌握先機的首要條件，就是必須先掌握效率。

在德國，多數農民都以馬鈴薯作為他們的主要農作物。

但是，當馬鈴薯收成的時候，有一件事情是最令農民傷腦筋的，那就是農民必須將馬鈴薯依形狀的大小，分成大、中、小三類，經過分類挑選的馬鈴薯，才能賣到比較好的價錢。

要將馬鈴薯分類卻不是一件容易的事，是一件很花時間，也很費人力的大工程。每到了馬鈴薯收成的季節，農民不但要出動家中全部的人手幫忙，而且往往還要忙上好幾天，才能把所有的馬鈴薯分類完畢。接著，才能把馬鈴薯裝上卡車，運到城市去販賣。

但是，有一位名叫漢斯的農民，卻從來不需耗費那麼多時間和精神，而且還能比其他人更早拿到市場上販賣。

村民們都很好奇：為什麼漢斯的馬鈴薯從來不花時間分類，依然能賣到好價錢呢？

村民們問過漢斯很多次，可是他總是笑而不答。後來，村民們偷偷地跟蹤漢斯，才發現原來他把所有的馬鈴薯裝進麻袋後，直接丟上卡車，然後再選擇顛簸

不平的山路走。

等到運到城裡的時候，馬鈴薯因為沿途山路顛簸搖晃，小的自然而然就會落在麻袋下面，大的就留在上面了。漢斯因為減少了分類的時間，所以才能在第一時間將馬鈴薯送到城裡，賣到好價錢。

激勵大師安東尼・羅賓提醒我們：「不管我們計劃要做什麼事，事前的觀察與反覆推敲相當重要。尤其與自己密切相關的事，更應該費心摸清楚，如此才可能做得更有效率。」

因為有效率，所以當其他人在做一件事的時候，你卻可以同時完成兩件，甚至三件事；如此一來，你擁有的時間當然就比其他人還要多了。

在這個「時間就是金錢」的時代，除了比付出、比努力之外，更重要的是比智慧、比腦力。只要你擁有比他人更多的智慧，就能比他人擁有更多成功的機會。

找出專屬的自我激勵法

除了擁有向上的心之外，尋找能夠讓自己向上的方法更是重要，如果兩者可以相輔相成的話，那麼成功其實就已經近在咫尺了。

對於生活的方式，每個人都有一套自己的看法，而且每個人的看法各異，所以督促自己上進的方式也就有所不同。

其實，只要能找到適合的方式來鼓勵自己，那麼不但可以避免半途而廢的行為出現，達成目標的時間也可能因此縮短許多。

經過夏桀長年的暴政之後，商湯終於推翻了夏朝，建立了商朝。商湯登基之後，首先，便從全國徵選出一位最好的雕刻工匠，並且對他說：「我請你到這裡來，是爲了幫我刻字。你先到我的寢宮去刻，然後再到我處理政事的宮中去刻。」

工匠聽完，便問商湯說：「請問陛下，您爲什麼要刻字呢？」

商湯回答：「夏桀王朝就是因爲不思進取，只知道享樂，所以才要造成滅亡的結果。我現在身爲一國之君，不能重蹈夏桀的覆轍，所以才要在宮殿裡面刻字，隨時提醒自己要有所作爲，愛護百姓。」

工匠很恭敬地繼續問道：「那麼，請問陛下您想要刻些什麼字呢？」

商湯說：「你在我吃飯的地方，幫我刻上『珍惜糧食』，提醒我不要浪費；在我休息的寢宮中刻上『日日新』，好讓這些話激勵我珍惜每一天，讓我不會荒廢時間在無意義的玩樂上。」

屠格涅夫曾經寫道：「一般情況下，如果一個人的目的地達到之後，他的熱情就會逐漸冷卻下去。」

其實，這些目的達到就讓自己熱情冷卻的人，主要原因出在他們沒有繼續超越自己的雄心壯志，不再像從前那樣激勵自己，導致人生缺乏偉大的動力，也就不可能會再有什麼傑出成就。

商湯以刻字的方式提醒自己做一個聖明的君主，正因為他找到了適合自己的激勵方法，所以創造了商朝的繁榮盛世。

除了擁有積極向上的心理之外，尋找能夠讓自己向上的方法更是重要，如果兩者可以相輔相成的話，那麼成功其實就已經近在咫尺了。

PART 7

改變態度，
就能跨出第一步

你的貴人就是你，你的救兵就是你，
只要你願意跨出第一步，
擺脫沉溺於失意落魄的心情，
一定能擺脫眼前的困境。

改變態度，就能跨出第一步

你的貴人就是你，你的救兵就是你，只要你願意跨出第一步，擺脫沉溺於失意落魄的心情，一定能擺脫眼前的困境。

成功的人往往懂得控制自己的心境；失敗的人則容易困在情緒的框框裡作繭自縛。面對不如己意的事情，最重要的其實是先處理好自己的心情，這將決定你最後是化阻力為助力，抑或就此敗在惡劣的心情之下。

人要懂得克制浮躁的情緒，用理智面對事情，尤其是遭遇困境的時候，千萬不能任由沮喪的情緒擺佈。遇上困難時，多數人都會期望得到別人幫忙，只是，得到再多人幫助，若是自己不肯站起來，一切都枉然。

有位經理將畢生積蓄投資在一間小型製造廠中，不幸的是，那年恰巧遇上了世界大戰，根本無法取得工廠所需的原料，最終只得宣告破產。

從此，經理一蹶不振，不僅失去了鬥志，更自覺沒面子面對妻兒，於是離家出走，成為街上流浪漢一員。

他對於那些損失始終無法忘懷，每每一念及此，常常都會告訴自己：「不如死了算了。」

但是，他似乎頗得上天憐憫，在一次偶然機會中，撿到了一本名為《創業者》的書。這本書帶給他全新的勇氣和希望，他決定找到這本書的作者，請作者幫助他再站起來。

不久，經理找到了作者，將自己的經歷述說一次，沒想到這位作者卻對他說：

「好，我已經盡力聽完你的故事了，希望這樣對你會有些幫助。」

「就這樣？你不能幫我做點什麼事嗎？」經理問道。

「事實上，我沒有能力幫助你。」作者說。

以為找到救兵的經理這下子慌了，腦子一片混亂，怎麼能再站起來？只見他的臉上變得一片蒼白，低下頭，喃喃地說：「完蛋了！」

作者看著他，跟著對他說：「我是真的沒有辦法幫助你，不過，我可以介紹你去見一個人，他一定能幫助你東山再起。」

經理一聽，立刻跳了起來說：「真的嗎？請快點帶我去見那個人吧！」

作者點了點頭，帶他來到一面極高大的鏡子面前，指著鏡子說：「我要介紹的人就是他，在這世界上，只有這個人能使你東山再起！你必須好好地認識他，否則你真的只能跳河了。在你還不能充分認識他之前，無論是對你還是對這個世界來說，你始終都是個沒有價值的人。」

經理朝著鏡子走去，用手摸了摸長滿鬍鬚的臉，對鏡子裡的人從頭到腳打量了好幾分鐘，又後退了幾步，忽然低下頭，大哭了起來。

幾天後，作者在街上遇見了一個人和他打招呼，不禁問道：「你是？」

「你忘記我了嗎？我是那個流浪漢啊！」經理開心地說。

「你好，你看起來很好啊！」作者笑著說。

「是啊！這得要謝謝你，那天離開你辦公室時我還只是個流浪漢，但我從鏡子找回了自信，我已經找到一份月薪三千美元的工作。老闆還先預支了一些錢給我，要我回去好好安頓家人，我想，我的鬥志又找回來了。」他還風趣地對作者說：「謝謝你，介紹那麼棒的『救兵』給我！」

你心中的救兵是誰呢？

是盼著老天爺幫忙，還是期待某個神秘貴人的出現？

朋友，你生命中的貴人正是你自己啊！幸運之神確實會出現，不過他只會在你突破困境時，在天邊給你一個燦爛的微笑。這個世界上沒有固定的成功法則，更沒有花俏的成功技巧，只有這麼一句平實卻也真實的至理名言：「一切靠你自己！」

心情好壞將會決定你的成敗！一如故事中的男子，在人生灰暗時期，只顧鑽

研生命的黑暗與困頓，將自己關在失敗的心牢中，卻不知道抬頭挺胸、重新站起

來，一味用失落的情緒面面問題，如此困厄不也是他自己帶來的嗎？

從流浪街頭轉身看見人生的新方向，流浪漢終於明白了「生命操之在我」的

道理，那你呢？在人生困頓的此刻，是不是也願意調適自己的心情，給自己多一

點力量和勇氣，幫助自己再站起來呢？是的，你的貴人就是你，你的救兵就是你，

最好的靠山也是你！只要你願意跨出第一步，擺脫沉溺於失意落魄的心情，理智

處理事情，一定能擺脫眼前的困境。

肯定自己，才能放下不安

那些惡意或別有居心的批評指涉，何須放在心上念念不忘？

只要轉念想一想，內心就不會因為偏差的念頭或人們的閒

話感到困擾。

生活中，許多人最常做的事就是猜測別人的觀感，卻常常忽略了自己的想法，

殊不知，等待別人的十句鼓勵，總不及自己給的肯定！

每個人都想得到別人的認同讚賞，但在此之前，別忘了必須要先給自己一個

堅定的認同和肯定。

胖胖的米蓮娜雖然是位非常有名的專欄作家，但這個頭銜卻沒有讓她對自己充滿信心，她常自卑地對人們說：「我看起來好笨拙呀！」

有一天晚上，米蓮娜懷著忐忑不安的心參加一個大型婚會，就在門口，碰見了一位年輕貌美的女孩。

「妳也要進去嗎？」米蓮娜問這女孩。

「嗯，我有一點害怕，其實我在附近徘徊很久了，每次鼓起勇氣要走進去時，卻沒想到一走近門口，便又退縮了，唉，從小到大我都是這樣子。」女孩神情緊張地說。

米蓮娜看著長得比她漂亮許多的女孩，納悶地想著：「她長得那麼好看，不像我長得這副蠢樣，該煩惱的人應該是我啊！」

「其實，我也很害怕呀！」米蓮娜裝了個鬼臉，並坦白地對女孩說出心裡的話。

女孩聽後忍不住笑了，米蓮娜聽見女孩的笑聲，也跟著尷尬地笑了出聲。兩個緊張大師也因為這一笑，心情變得輕鬆起來了，不再那麼緊張。

她們相互給了對方一個勉勵的微笑，一齊走向那個人聲嘈雜的地方，米蓮娜頻頻轉頭看看身邊的女孩：「妳沒事吧？」

女孩點了點頭，至於米蓮娜自己，因為這個關照分心，不知不覺地也忘記緊張了，更忘記了人言八卦的顧慮，自在地和人們寒暄閒聊了起來。

回家時，米蓮娜和她的新朋友談起今天的感受，女孩主動問米蓮娜：「今晚妳感覺如何？」

「嗯，我覺得比過去的狀況好許多了，這種感覺實在是美妙極了。」米蓮娜開心地說。

「我也這麼覺得，我想那是因為我們發現自己並不孤獨。」女孩笑著說。

聽見這句話時，米蓮娜心頭為之一振：「是啊，我總覺得自己孤立，總以為所有人都自信十足，唯獨我除外。但今天卻遇到一個和我同樣自卑的人，原來我們都被無謂的自我否定吞噬了而不自知。若換個角度想，會不會那些看來意志高昂且談笑風生的人，心中其實也是忐忑不安？」

為了找到答案，米蓮娜決定從身邊的人調查起。

她第一個想知道答案的人正是報社的總編輯，這個總是粗魯無禮對待她的總編，真有那樣的自信和傲氣嗎？走進報館，米蓮娜深吸一口氣，接著便對著總編輯說：「道格拉斯先生，見到你真高興！」

若照往例，米蓮娜都是一面把稿子丟在桌上，一面低聲地說：「我猜想你一定會不滿意，如果要改的話，那就麻煩你了。」

但這一次，米蓮娜改口說：「道格拉斯先生，我真希望你會喜歡這篇稿，我知道，如果寫得不好，你的工作一定會加重，而且肯定非常吃力的。」

「是很吃力。」總編輯忽然嘆了口氣，那張常見的冷酷面孔忽然不見了。

米蓮娜發現真的有了變化，於是悄悄地坐了下來，就在她坐正時，兩個人的目光同時交會，米蓮娜笑著看著眼前的恐怖總編，忽然間，她發現他並不咄咄逼人，還是個看起來性情溫和的男人。

再看看他的桌子上擺放著全家福照片，米蓮娜笑著問：「家人好不好？」

總編聽見米蓮娜的問候，露出了難得一見的微笑。就在那一刻，兩個人一直存在的芥蒂不見了，甚至話匣子一開，兩個人竟滔滔不絕地聊了好久好久。

從孤立自卑到開朗樂觀，你是否也感受到米蓮娜的快樂轉變？

生活中我們常受制於「個人想法」，所謂「個人」很多時候與別人無關，而是我們自己。人生的困和限，都是我們自己找來的，就像米蓮娜和那個女孩的遲疑腳步，就像米蓮娜和總編早先的互動情況。

「個人想法」其實只會禁錮自己的心而已。

再換個角度說，那些惡意或別有居心的批評指涉，只是突顯別人氣度不足且心胸狹隘，像這樣的耳語我們又何須在意？何須放在心上念念不忘？

只要轉念想一想，時時關照自己心裡的快樂觀感，明白人言一時，自己卻要生活一世，內心就不會因為偏差或人們的閒話感到困擾。

人際交流中，總有些距離遙遠的人，也總有能和我們心意相通，願意包容你我的人，我們只需珍惜後者，淡然看待前者，生活自然時時暢快。

勇敢跨越困境，突破生命潛能

只要願意面對，願意親自體會，願意忽視怕冷的內心，再冷、再難的關卡一定都能慢慢適應，輕鬆地走過。

看見運動選手超越自己的那一刻，你是否也經常跟著他們激動不已？當選手們苦熬過每一個難關終至成功時，你是否也常不自覺地跟著感動鼓舞？

是的，多數人都喜歡看生命怎麼挑戰極限、挑戰不可能，更喜歡看見人類如何突破困境和險境。

只是，當自己面對相似的難關時，又是否能像他們一樣戰勝膽怯，勇敢面對，積極突破呢？

風雪下得可真大，鼻子被凍得紅通通的雷科巴老師匆匆走進教室。好不容易

漸漸溫熱的教室，又因為老師忽然開門，硬是被灌進了一股強大的冷風，風不僅

強勢灌進了超低溫度，還順勢把牆壁上的世界地圖吹撥了下來。

這個冷風同時也挑起同學們一陣騷動，雷科巴先生則是一臉冷酷的模樣，看

起來不像往常一樣溫和親切。

沒想到，就在這個時候，雷科巴先生忽然大聲地說：「同學們，請把書本闔

上，我們到操場上去。」

同學們一聽，全都瞪大了眼睛，不約而同齊聲問道：「為什麼？」

「我們要到操場上站五分鐘。」雷科巴語氣堅定地說。

「天氣這麼冷，還要我們站在大雪之中受寒，老師今天是不是被凍壞了腦袋

啊？」同學們忍不住議論著。

不管雷科巴老師臉色多麼威嚴，還是有同學拒絕到屋外，雷科巴並沒有強迫

他們，只淡淡地說：「你們將失去一個最好的學習機會。」

包括雷科巴先生在內，一行人抖著身子走到操場上，外面滿是白雪覆蓋，就連籃球架上也輕輕地積了一行行小雪堆。屋外的雪沒有停的意思，小雪粒不斷打在大家的身上臉上，一個個學生被猶如刀割的冷風颳得哇哇大叫，有些人還不停地原地跳動著。

這時，有個女同學忽然往回跑，同學見狀，也跟著往教室的方向跑去。就在這個時候，雷科巴先生忽然跟著回頭，不過他卻是立定腳步，忽然脫去了保暖的羽絨外衣。

同學們一看，個個目瞪口呆，雷科巴先生又再次喊叫著：「快到操場，快去站好。」

同學們沒人敢再吭聲，一個老實地到操場排好三列縱隊，規規矩矩地在操場上站立著不動。

五分鐘過去，雷科巴先生這才開口說話：「好了，解散。」

只是這聲解散後，卻不見同學們快跑回到教室，居然慢步往回走，原來，冷

風已沒那麼具有威力了。

回到教室後，雷科巴先生笑著說：「剛剛到操場上磨練的人一定有不少心得。

剛剛在教室時，大家不是都覺得自己敵不過這場風雪嗎？但事實上，讓你們在風雪中站半個小時，不也挺得住嗎？即使要你們只穿一件襯衫，一定也不會有問題的。孩子們，遇到困難時，大多數人總愛用放大鏡放大困難的程度，但只要我們願意面對困難，任何人都會發現，困難不過如此！」

那些乖乖走向風雪的學生們，聽見雷科巴先生這麼說之後，個個都用力地點頭贊成，其中一個男同學還補充說：「是啊！而且挺過之後，我覺得這氣溫一點也不冷呢！」

聽見最後一個男同學慶幸自己沒有縮在教室裡，而是能在風雪中學會面對嚴寒，你是否也覺得感動呢？

運動選手們經常以挑戰人類體能極限為志，總以超越自己、超越前人紀錄為

人生目標，表現出來的不僅僅是個人意志，更是要讓後人知道：「沒有人知道生命的最高限度在哪兒，我們只知道生命本身有個科學無法探測的無限潛能，為此我們必須更加積極地尋找生命的真正極限！」

雷科巴先生的機會教育，正是要同學們勇敢嘗試，因為只要試過之後，自然而然地就會發現，原來每人適應溫度的能力比自己想像中還要來得好。這就像面對生活中的困難一般，只要願意面對，願意親自體會，願意忽視怕冷的內心，再冷、再難的關卡一定都能慢慢適應，輕鬆地走過。

累積實力，才會有潛力

想要激發自己的潛能，就必須一步一腳印地慢慢累積，只有這樣，你的潛能才會有發展的空間，失敗機率才能降到最低。

大家都知道挑戰艱鉅的目標可以激發自己的潛能，但是，卻往往忽略了累積實力的重要性。

在基礎能力都還沒有完全具備的時候，貿然地就向困難挑戰，其實只是一種無知的表現。

所謂「萬丈高樓平地起」，如果連自己的基礎能力還沒打好，那麼潛能又要從哪裡出現呢？

有一個體育記者訪問一位金牌游泳教練時，問到了他的訓練方法。教練回答：

「如果一個選手開始時只能游二十二公尺，可是游泳池的長度是二十五公尺，那麼我會叫他先從淺水區開始，再向深水區前進。」

記者聽完，反問教練：「可是要是他只能游二十二公尺，游到最後的時候，剛好是池水最深的地方，這樣不是非常危險嗎？」

教練回答記者說：「這是選手進步最快的方法。因為當一個選手由淺水游向深水時，開始游的時候就知道要保存體力，等游到深水區再拼命向前衝；因為在深水區，要是游不動就會沉下去，所以，一定會發揮最大的潛能，即使原來只能游二十二公尺，到時候自然也能游完整個游泳池。」

「相反的，如果是從深水游向淺水，開始的時候一定會拼命游，等到力氣不夠了，發現自己已經在淺水區，那麼一鬆懈下來，就算原本能游二十二公尺，這時恐怕連二十公尺也游不完了。」

莎士比亞告訴我們：「千萬人的失敗，失敗在做事不徹底，往往做到離成功還差一步，便終止不做了。」

成功與失敗往往只有一線之隔，關鍵在於你是否能打敗自己的負面心理，咬緊牙關堅持到底。

二十二公尺的游泳距離，都是經過一公尺一公尺慢慢累積出來的；正因為不斷地累積，所以最後才能發揮出超越二十二公尺的潛能。

從游泳教練的這番話，我們可以得知，想要激發自己的潛能，就必須一步一腳印地慢慢累積，只有這樣，你的潛能才會有發展的空間，失敗的機率才能降到最低。

態度有禮才能無往不利

所謂「禮多人不怪」，就算心裡有著滿腹牢騷，也要維持

基本的「禮貌」，至少能夠讓自己行事更加順利。

朋友在某間名品服飾店閒逛，或許那天她穿得很「普通」，不像有特別「品

味」會去消費的客人，所有店員都不理睬她。

當她樂得輕鬆，沒有人會在旁邊強力推銷時，一件無禮的情形發生了。

當朋友正準備翻開放在架上某件上衣時，一個店員態度傲慢的倚在架子旁，

一隻手按住朋友即將翻開的衣服，抬高下巴用鼻孔對她說：「不好意思，這衣服

很貴，不是妳買得起的。」

朋友毫不示弱，當下拿出錢包，露出白花花的鈔票和一堆卡秀給店員看，表示自己有足夠的消費能力。

店員馬上態度大變，極為謙恭地為朋友介紹。

聽完店員一系列的解說和服務後，朋友對店員說：「一開始，我真的打算花上一大筆錢，你們的商品我也很滿意。但是，由於妳這種不禮貌的行為，讓我打消了消費的念頭。」

說完這句話，朋友瀟灑地離開那間店，留下懊惱的店員。朋友的做法並不是要用「擺闊」、「有錢是大爺」這種態度來壓人，只是提醒對方，無論面對什麼人、是否消費，都該給予基本的禮貌與尊重。

有兩個人到曼哈頓出差，其中一個看到馬路對面有個賣報紙的小攤，就走過去想買份報紙。接過報紙後，他發現自己沒帶零錢，只好遞了一張十美元的鈔票，對賣報紙的小販說：「找錢吧。」

小販一聽，很不樂意對他說：「先生，我來上班可不是給人找零錢的。」

這人因此沒有買到報紙，悻悻地回到馬路對面。

他的朋友安慰他：「不用急，你在這兒等著，我過去試試。」

朋友來到報攤前，同樣遞過十美元鈔票，對小販說：「先生，對不起，不知您是不是願意幫我個忙？我是外地來的，想買份報紙，可是身上沒有零錢，你看能不能幫我把十元換開？」

小販聽完話後，順手抓起一份報紙，遞給他說：「拿去看吧，這次不用付錢。

以後你有零錢，再給我就好了。」

英國辭典作家約翰遜曾經這麼說：「禮貌就像氣墊，裡面什麼也沒有，卻能奇妙地減輕我們所受的顛簸。」

為何故事中的第一個人被老闆拒賣，第二個卻得到免費的報紙呢？其實，只有一個簡單的道理，那就是表現出來的態度「禮貌」與否。

第一個人真正惹火老闆的原因不在於找錢的麻煩，而是一副「花錢是大爺」的口氣。老闆的立場是：「雖然我賺你的錢，但是我也有自己的尊嚴。」

或許多數人寧可要「金錢」，而不在乎「禮貌」。但是，「禮貌」能讓很多事情進行得更順利。所謂「禮多人不怪」，就算心裡有著滿腹牢騷，也要維持基本的「禮貌」，至少能夠讓自己行事更加順利。

做事想要無往不利，態度千萬得記得有禮。

不要任由心情消磨你的生命

不要以一切事情都可以依靠自己的心情做決定，若是經過

冷分析、理智處理，便會發現過去的自己有多可笑。

衡量一個人成功的標準就是在一個時光消費過程，從中贏得或創造了多少價

值；這個曲線會清楚描繪出一個人的生命價值，也是你存在的證明。

時間就在你手上，要浪費或是珍惜都在於你的選擇，感覺浪費時，你對不起

的人是你自己！

不論時間對你來說是多還少，沒有人會否定，時間其實是由自己支配的，但

是明知道時間的支配權在手中，還是有許多人抱怨：「時間還真難分配。」

其實，分配時間並沒那麼困難，會感到困難，是因為我們習慣了任由自心情消磨自己的生命！

如果，你也和大數人一樣，常常覺得無法有效掌控時間，不妨聽聽下面故事中的教授怎麼說。

今天，小薇比平常早起，因為她報名參加一位外籍講師的課。這是個來自新加坡的外國講師，知道外國人最講時間效率，所以即使早起仍然遲到的小薇，害羞地從後門走進去，悄悄地選了最後面一個位置坐下。這位講師曾在美國、香港的一些著名企業擔任過主管，講課非常生動，有條理又有深度。

下課時，老師走下講台到她身邊，問道：「妳聽得懂嗎？剛剛我先講了企業管理三個部分，然後才開始講授關於企業結合案例，若是不懂，妳現在可以提出任何疑問。」

小薇聽了有些不好意思，以為老師不會注意她晚到，只見她怯怯地說：「對

不起，路上塞車，我晚到了。」

「沒關係，妳不用向我道歉。真的，我的時間已經被妳購買，這時間由妳支配，我只要盡力為大家服務就好。」講師笑著說。

小薇看著他，開玩笑地說：「這太自由了吧！如果您能在這兒當老師，我敢說一定會是最受歡迎的人。」

「怎麼這麼說？這是很正常的觀念啊！我在新加坡長大，在美國求學，每個孩子都是自己選課、選講師，選課前我們還會去試聽所擇選講師的課，確定後再付足一學期的學費。平時上課，老師根本不管我們什麼時候去聽課，無論什麼時候，他們只管好自己的準備功夫，哪怕只有一個人來，也會認真地講課。對他們來說，時間已經被學生購買，就必須盡力講課，有好的服務精神，才會繼續被『購買』。」講師說。

第一次聽到這個時間觀念的小薇，聽得都呆了，因為這種說法，完全顛覆了她的傳統概念。

講師接著又補充說：「我到過一些大學，真不明白為什麼你們每次上課都點

名簽到，有的學生不來上課還要裝病，或者請別的同學代為簽名？大學並不是義務教育！是你們付費來學習的，老師講課的時間被你們購買了，你們遲到或不來，損失的人是你們自己，那就好像是到商店付錢買東西，最後卻沒把東西拿回家一樣，怎麼會是你們向商家道歉呢？」

這個「時間理論」不只小薇沒聽過，想必就連你我也未曾聽聞，當教授提出這個時間觀念時，你是否對人生時間也有了不同的觀想？

簡單來說，教授的時間觀念可以用兩個字來解釋，那便是「責任」，無論學生多寡，老師都會做足準備後再進教室，以示他對教育的責任心和執著；至於學生，應當明白時間是操控在自己手中，一分一秒都不能浪費，既然決定花錢進修，那麼不去上課真正損失的不是教授，而是自己。

對於那些把學習視為是老師的事，一切都事不關己的學生來說，這無疑是當頭棒喝。至於那些把進修看做薪資加碼、混時間拿證書的人，從教授的時間理論

中，想必開始會有不同的想法。

不要以一切事情都可以依靠自己的心情做決定，若是經過冷靜分析、理智處理，便會發現過去的自己有多可笑。

不要任由心情消磨自己的生命，人生時間不多，決定了「購買」某個時段學習，便要認真用心地從中尋找收穫。

即便時間不多，但只要能認真學習，分秒不浪費，那麼在「潛移默化」的作用下，一定會得到想像不到的收穫。

機會到手，就要積極把握

錯過了就是錯過了，再多的懊悔也無用，機會是不等人的，

抱著忐忑不安的心情猶豫不決，只會使它加速離去。

看見心儀的人時，你都會怎麼表現自己？是鼓起勇氣向對方表示心中的愛慕，

還是躲得遠遠的，癡癡望著對方，然後讓自己苦心思念？

與其等待觀望，不如上前表示心意。即便被拒絕了又何妨？至少試過了，明

白對方心裡沒你的位置，或是早有真情人，那麼就可以回復理性，不再心存幻想，

積極另覓屬於自己的真正伴侶。

麥可在禮品店裡已經徘徊了快半個小時，想挑一份最能表達心中愛意的禮物給心儀的女孩。

「要怎麼挑選？要夠特別，她才會記住我，但又不能太俗氣，不然肯定會被她扣分的。」麥可苦惱地想著。

看著琳瑯滿目的時尚禮品，再看看那些讓人心驚膽跳的價格，這個囊中羞澀的男孩，最終還是豎起衣領尷尬地朝門外走出去。

「年輕人，買個草製小白兔吧，只要一元。」正當他苦悶萬分時，有位中年婦女朝著他走過來。

麥可看著婦人籃子裡的小白兔，那是用各種花布和橡皮筋紮成的，有著紅眼睛和紅嘴巴，模樣十分可愛。婦人還說，這花布裡包著泥土，兔子的耳朵裡則塞了不同的花草種籽。

「只要每天為它澆水，大約半個月以後，種子就會發芽，並長出青草，那些

青草就成了兔子的兩隻耳朵，會很可愛呦，女孩們都很喜歡。」婦人像猜透了男孩的苦惱，一股勁兒地慫恿著他。

「好吧！請給我一個。」男孩帶著懷疑買下了這個據說會發芽的小白兔。

回到宿舍，麥可將草製小白兔放在窗台上，每天都十分用心地澆水，也向上天祈禱，希望點讓種籽發芽，早點讓兔子的耳朵長出青草。他總是這樣想像著，送給女孩這個充滿綠意又別緻的小東西，女孩會有多麼感動的神情，又如何地羞澀地對著他說：「我把心交給你了……」

每天，男孩都會準時為小白兔澆水，甜蜜的想像裝滿了他這段等待時光，直到女孩生日的那天。

女孩的生日晚會上，追求者們紛紛送出禮物，其中有生日蛋糕，也有名牌時裝，更有芬芳的鮮花，當然更不乏貴公子送的昂貴首飾，女孩擺放禮物的桌上滿滿的東西，一個比一個昂貴特別。

那麥可呢？他當然也出現了，可是他卻空著雙手出現，因為他的小白兔並沒有如預期中發芽。女孩滿懷期待地望著他，眼神似乎正透露著什麼，麥可似乎也

感覺到了，但此刻的他只想一頭鑽進地下。

眼看著女孩拒絕一個又一個追求者的邀舞，麥可的頭也越來越低，甚至很害怕接觸到女孩的目光。在那堆豪華的禮物面前，他滿心慚愧，在歡笑聲中，他甚至沒有向女主角告別，隨便找了個藉口離開。

麥可氣惱地望著小白兔：「這是什麼鬼東西？根本是騙人的，以後不再幫你澆水了！」

期末考試接近中，麥可把全部心思投入在功課中，每天都把時間安排得非常緊湊，為的當然是壓抑自己不再去想念女孩。他還暗暗發誓，將來有錢時，一定要為她買件昂貴非凡的禮物。

這段期間他不再追蹤女孩的情影，只想著要好好努力，有一天讓女孩知道他的本事。

不久，學校放寒假了，大家開始收拾行囊，準備回家，就在這個時候，麥可突然發現窗戶那兒有片綠意，仔細一看，小白兔的頭上真的長出了一片嫩綠青草！

麥可這會兒竟慌了，又是興奮又是懊悔：「早知道就把東西交給她了，嗯，現在

送她也不晚啊!」

是的,時間上確實未晚,只見他飛奔至女孩宿舍門口,但女孩早已離開了,朋友們對他說:「前天一放假,她就和男朋友走了。」

男朋友?這三個字像針一樣刺進他的心,難道初戀就這樣夭折了?

「你不知道瓊絲很欣賞你嗎?可是你在她生日宴會那天卻一點表示也沒有,而且還一臉冷酷的模樣,唉,你不知道她有多失望嗎?哪怕你只有一張卡片,她都會非常開心。」女孩友人說。

「這,真的嗎?我……」現在不管怎麼說都沒有用了,女孩身邊已經有了伴,他的小白兔這時才發芽,根本是在和他開玩笑啊!「唉,早知道,就在生日那天就送給她,然後和她一起澆灌這愛情的幼芽。」麥可嘆了口氣說。

錯過了就是錯過了,再多的懊悔也無用,此刻除了訓誡男孩,下一次要勇敢表白之外,不知道你還想給他什麼建議呢?

女孩離開了，代表著男孩不夠主動積極。有些事是不能等的，當下不行動，

一旦錯過了想再回頭把握，恐怕便會像故事中的男孩般，眼睜睜看著女孩輕挽著

另一個男人的手一去不回。

愛情是這樣，生活中許多事也是如此。男女情事未來充滿變數，難料兩個人

最終會聚一起，生活中的許多機會不也是錯過了便要變樣？機會一旦錯失，想再

挽回就不是件容易的事了。

機會是不等人的，抱著忐忑不安的心情猶豫不決，只會使它加速離去。不論

做什麼事總得十分用心地做好準備了，總要積極一試，不然又怎麼知道可能的結

果呢？

整理自己的情緒，便能看清心意

只要能夠揮別忐忑不安的心情，冷靜面對自己、妥善整理自己的思緒，便可以看清自己真正的心意。

愛人要有勇氣，更要有耐心，能夠輕易達成的始終不夠牢靠，一點一滴加溫，戀人們的愛情才能穩固且長久。

愛情就像種植花草一樣，少了一點耐心便草枯花謝，少了一點時間經營，下一秒熱戀情人便會成陌生人。

用多一點時間經營或等待，找一個真正對的人，總比匆促找一個錯誤的伴侶誤一生來得有意義多了。

有個女孩暗戀一個男孩，但因為本身的矜持，讓她不知道該怎樣表達心中的愛意。就這樣，女孩任憑她的愛無限延伸，直到有一天，才終於決定向男孩告白，只是動作仍然有些含蓄。

第二天，男孩放學時，在書櫃裡發現一個透明小袋子，裡頭裝的是一小袋檸檬茶葉。男孩看了並沒有任何反應，隨手把茶包丟進垃圾桶，然後匆匆離開。從那天起，男孩每天都要扔掉一包檸檬茶，從未問過是誰送的。

有天早上，太陽才剛剛升起，男孩早早來到校園，在草地上看見一個女孩似乎很著急地在尋找什麼。

終於，女孩找到了不小心掉在地上的檸檬茶包，女孩擦了擦檸檬茶的表面，然後匆匆跑進了教室。

男孩跟了過去，見她細心地把一袋檸檬茶放進一個透明袋子裡，然後再撕掉雙面膠布後將它黏在男孩的書櫃裡。

男孩看見了，還是沒有任何反應，放學時，還是悄悄地把它丟進垃圾桶，頭也不回地走了。

就這樣一天又一天，女孩不間斷地將一袋檸檬茶放進這個書櫃裡。

直到有一天，男孩不見那袋檸檬茶包。從那天起，他再也沒有收到女孩的茶包了，心裡有些悶悶的，臉上竟開始出現了愁容。

又過了幾天，男孩起了個大早來到學校，然而當他再次打開抽屜時，仍然不見那個「檸檬茶」。

男孩失望地看著窗外，忽然發現一個熟悉的身影，男孩急急地跟了過去，是那個「檸檬女孩」，那女孩看起來有些著急煩惱，只是去商店買東西又不是去搶，用得著這麼緊張嗎？

男孩跟近一看，見女孩買了一大包新的檸檬茶包，然後塞進她的書包裡。

女孩開心地走出店家，卻見男孩就站在門口，讓害羞的她看傻了，呆在那裡進退兩難。

至於男孩，則緩緩地朝著女孩方向走來，眼眶泛紅，哽著聲音說：「我發現

原來檸檬茶的味道是最好的，這幾天我的心情很糟，現在我才明白，我已經，習

慣了妳的檸檬茶香⋯⋯」

女孩傻傻地望著男孩，臉蛋有些泛紅，男孩仍繼續說：「這幾天，我很努力

地尋找檸檬茶的出處，卻什麼都沒有發現，直到我來到這裡。」

經營愛的過程很奇妙，有些人總能耐心等待，但偏偏會遇上冷淡裝酷的對象；

大方的人，有時雖能遇到大方對象，但望著他們熱情回應時卻又覺得欠缺誠意，

矛盾愛情的說法便是這樣來的。

所以，常有人說：「多花一點時間仔細看，才不會找錯了目標。」

就如同故事中的男孩和女孩，看似不理睬的男孩，或許也是在等待著真正感

覺的到來。他們從累積習慣進而成為自然，其中過程雖然時間漫長，但若能因此

而尋得真心相愛的戀人，時間未嘗不是一等一的好媒人。

也正在單戀某個人的你，看著故事中男女主角從開始到迸出火花，是否也心

動了？又是否也願意先放下焦慮心思，願意調整好心情，用時間來確定兩個人是否是最合適的伴？

執著的女孩讓人心動，遲鈍的男孩讓人不禁莞爾。現實生活中要得如此單純簡單的愛戀並不難，最重要的是你自己怎麼看待愛人與被愛。

我們都曾用心等待美麗愛情，雖然不是每次都能得出好結果，但當茶香不再時，常常是我們領悟誰才是心中最愛的時候。

只要能夠揮別忐忑不安的心情，冷靜面對自己、妥善整理自己的思緒，便可以看清自己真正的心意。

拒絕沉溺過去的情緒

不管今天是成功還是失敗，日子總會過去的，想突破失敗

困頓，就一定要記住，積極樂觀地面向明天。

作家西里曾經寫道：「同樣一件事情，用不同的心情去面對，最後所得出來

的結果，通常會大相逕庭。」

確實，心情是決定事情成功與否的重要關鍵，心境一旦改變，事情就會朝不

一樣的面向發展。

人要過得自在，就必須讓時時擁有好心情，不陷溺過去，不欣羨別人。

當多數人欣羨著他人的財富時，無疑正把無價的時間浪費在空想，殊不知，

財富是需要靠時間來累積的，光是著急也無用。

事實上，擁有時間的人才是真正富有的，僅擁有財富卻沒有時間的人是貧窮的，真正能守住時間的不是財富，而是一顆充實的心。

在非洲，有一個名叫「時間」的富人，擁有數不盡的家禽牲口，擁有的土地更是無邊無際，倉庫裡的箱子、櫃子則塞滿了各式各樣的金銀財寶，穀倉裡也滿滿都是糧食。

當然，富翁的財富也吸引了不少人的好奇，特別是在這個多數人都是貧窮的地方，不少人從各地遠道而來，就為了看一看這位傳說中的富翁，想聽聽他是怎麼賺得大筆財富，更想看看這個家財萬貫的人是怎麼生活的。

不同國家派遣使節到訪，找到富翁時，看見他正將牛、羊和金錢全都分派給窮人。大家了解情況後，無不感佩他的慷慨善心，甚至還感動地說：「如果沒有親眼見過時間富人，根本就是白活了。」就因為如此，年年都有人到這個非洲部

落尋找時間富翁的蹤跡。

又過了很多年，有一個部落也決定派使者去拜訪時間富人，臨行前，酋長對使者說：「到了時間富人居住的地方，一定要想盡辦法找到他，更要向他請教致富的方法，最重要的是要親眼證實他是否像傳說中那樣富有和慷慨。」

使者來到富人居住的城邦，就在城外，遇到了一個看起來瘦弱且衣著襤褸的老人。使者上前問他：「請問，這裡有沒有一位名叫時間的富翁？請您告訴我們，他住在哪兒好嗎？」

老人一聽，皺著眉頭喃喃道：「是的，時間富翁就住在這兒，他是這城裡的人，他是富有的人，人們都知道他是誰⋯⋯」

望著這位眼神有些呆滯的老人家，使者只得進城去問其他人：「您好，我們要找一位時間富翁，聽說他是個傳奇人物，不知道您知不知道他在哪兒？可以告訴我們嗎？」

使者說這話時，剛剛在城外遇到的那位老人正巧從他們身邊走過，路人立即指著那個老人家⋯「他就是時間啊！你們要找的人就是他。」

使者轉身一看，卻是那個又瘦又老、衣衫不整的老乞丐，簡直不敢相信自己的眼睛，直問：「他真是時間富人嗎？他就是傳說中的富人，不會吧？」

「不相信的話，你自己去問他。」路人不大高興地說。

使者不得已只好上前問老人家，沒想到得到的答案真是：「是的，我就是時間，我確實曾是最富有的人，不過現在卻是全世界最貧窮的人了。」

使者嘆了口氣說：「人生確實難料，可是我是身負使命的，這要我回去怎麼向同胞說明呢？」

老人家想了想，說：「你就這麼對他們說，這個『時間』已經不像過去的那個『時間』了。」

時間總是會過去的，前塵往事無論是風光還是窘困，都僅止於當下一時，未來變數很大，富有的人不代表一輩子富有，若是揮霍無度，銀山金山仍會隨著時間消逝。反之，一時的貧困並不代表一輩子都會如此困厄，只要能積極振作，能

夠奮發向上，每分每秒都不隨意浪費，時間一定會一路支持著我們，讓我們直達成功的高峰。

看著時間老人的貧富感慨，或許我們應該用更積極的角度揣想老人的話中含意，明白昨天不管成功或失敗，都不代表今天依舊會如此。唯有放下陷溺於過去的心情，才能看見光明的未來。

時間老人的結果，無非就是要告訴著我們：「不管今天是成功還是失敗，日子總會過去的，想要持續保持成功光芒，想突破失敗困頓，就一定要記住，積極樂觀地面向明天，才是你我面對人生應有的態度。」

PART 8

把握當下，才能創造未來

無論昨日成功或失敗，
並無法預測你明天是成功還是失敗，
因為生活只有當下，
人生也只有現在和未來。

只要肯面對就能走出困境

勇於面對，願意負起責任，是所有成功者的必備特質，因
為他們知道：「逃避不是辦法，勇於面對，才能迎接光明
的未來！」

《傳光錄》裡寫道：「人之謗我，與其能辯，不如能容；人之侮我，與其能
防，不如能化。」

這是因為，事實的真相只有一個，只要我們問心無愧，就能坦然面對，而毫
不在意別人的誹謗與欺辱。

對於一些人為帶來的恥辱或意外造成的不良後果，你都會怎麼看待？你是否
能堅定地對自己說：「我一定要勇敢面對並負起一切責任」？

三年前，阿明受聘到到一家大公司任職。

這家公司的經理是一位四十歲的男子，他每次出現時的表情，從來都是嚴肅

而刻板的模樣，讓人難以接近。

有一次，阿明跟著他外出，在車上，經理忽然對他說了自己的故事。

十年前，這位經理受僱於一家染織公司當業務員，由於他的勤勞能幹，原本

負債累累的公司，在很短的時間之內有了轉機。

當時，老闆非常欣賞他，經常邀請他到家裡作客吃飯。沒想到老闆的獨生女

居然愛上了他，經常偷偷地送他一些精美的小禮物。其實剛開始時，他真的不敢

收，但後來礙於情面，只好收下了。

就這樣過了兩年，有一天，他認真地面對自己的感情，發現自己對她始終是

有距離的，於是，坦白告訴她自己無法給予她一切後，她既生氣又難過，後來居

然尋短了。

經理忍不住搖了搖頭嘆氣，接著又說：「疼愛她的兩個哥哥對我咆哮不已，還揚言要我償命。」

當時，他決定要拿出所有積蓄來賠償，周遭的朋友卻勸他快一走了之，但他一點也不想這麼做，他對自己說：「一切因我而起，我必須面對這一切，是死是活都無所謂，重要的是，我必須面對！」

於是，他來到老闆的家，一群老闆的親友們向他推擠過來，作勢要修理他，這時，女孩的父親，即他的老闆卻向其他人擺了擺手，示意大家不要衝動，接著走上前，並緊握著他的手說：「你願意來面對這一切，正說明你是個有擔當、富眞情的人。」

勇於面對，願意負起責任，是所有成功者的必備特質，因爲他們知道：「逃避不是辦法，勇於面對，才能迎接光明的未來！」

一如受人敬重的美國總統羅斯福，年輕時因爲患了腿疾，讓他在爬樓梯或行

走時，總得辛苦地運用雙臂，來支撐他前進的步伐。

然而，這個吃力背影，卻從來沒有換得人們的同情與支持，反而有許多人喜歡跟在他的身後，故意嘲笑他。

面對這些嘲笑，堅強的羅斯福總是地對自己說：「我能夠勇敢面對這些恥辱，有一天，我一定會讓他們的嘲笑聲變成讚美聲。」

人在成功之前，必定得先迎戰一切難能可貴的磨練。懂得轉化生命困境的人，能夠面對生活阻礙的人，不會將這些困難或阻礙視為恥辱，而是堅定相信：「這些都是我人生中最難得的磨練機會，累積這些磨練的機會，就沒有衝不破的難關，最後，我一定會成功的！」

用「逆勢操作法」解決問題

如果大家都能心平氣和地，以智慧解決問題，那麼衝突和爭執便能減少，社會也才能避免更多新問題的產生。

人生沒有解決不了的難題，只有「不想」解決的困境，只要你願意放下腦中的那些負面想法，願意面對現實，就能讓自己踏實地活在當下，活出真正屬於自己的亮麗人生。

不論在工作場所、社交場合，或者在一般的日常生活中，我們都免不了會與他人發生爭執。

遇到爭執的時候，不論誰對誰錯，如果只知道以強硬的態度面對，那麼爭執

不但不容易化解，甚至可能還會樹立更多的敵人。

有一個剛剛退休的老人在鄉下買了一棟房子，打算在這裡安安靜靜地度過自己的晚年。

剛搬進來的第一個禮拜，老人每天都過著清靜的日子。但是這種安靜的生活才過了沒有多久就被打亂了，不知道從哪裡冒出三個青少年，開始在這附近亂踢所有的垃圾桶。

他們對這個遊戲樂此不疲，可是製造出來的噪音卻使老人十分困擾，於是老人決定要跟青少年們好好地談一談。

「年輕人，」老人笑瞇瞇地對這三年輕人說：「我看你們好像玩得很開心的樣子，這樣好了，如果你們願意每天都過來踢垃圾桶的話，我就給你們每個人一塊錢。」

這三個年輕人很高興，可以玩還有錢可以拿，更使勁地踢所有的垃圾桶。

過了幾天，這個老人面帶愁容地去找這些年輕人，對他們說道：「因為通貨

膨脹的關係，我的存款開始變少了。從現在起，我只能付給你們每個人五毛錢

了。」

錢變少了雖然使年輕人不太開心，但他們還是接受了老人的錢，依舊每天固

定來踢垃圾桶。

一個禮拜之後，老人再去找這些年輕人，滿臉歉意地對他們說：「實在很抱

歉，我最近都沒有收到養老金的支票，所以現在開始，我每天只能給你們兩角五

分錢了。」

「什麼！只有兩角五分錢？」一個年輕人聽完老人的話之後大叫：「你以為

我們會為了這區區的兩角五分錢而浪費時間在這裡踢垃圾桶嗎？不可能的，我們

不幹了！」

從此以後，這些年輕人再也沒有來製造噪音，老人又可以繼續過著自己嚮往

的清靜日子了。

托爾斯泰曾經說過：「聰明人的特點有三，一是不勸別人照自己的意思去做，二是絕不做違背自然的事，三是容忍週遭人士的愚蠢。」

如果你能在困境中放鬆心情，不因為不如意而任由情緒擺佈，那麼你必定能順利找到解決的方法。

故事中的老人如果選擇以強硬的方式來處理問題，就算問題可以解決，接下來的後果卻可能比原本的問題還要嚴重。

老人想到了這一點，所以選擇以「逆勢操作」的方式來處理，如此一來，不僅有效，還可以徹底地解決問題。

在現實生活中，我們也應該如此，遇到問題之時先放下自己的怒氣。如果大家都能心平氣和地以智慧解決問題，那麼衝突和爭執便能減少，社會也才能避免更多新問題的產生。

別用怒氣解決問題

當你遇到問題的時候，先別急著生氣，心平氣和地想一想，

如果生氣對解決問題有用的話，那麼再生氣也不遲。

遇到與自己的期待相反的情況時，許多人在當下的第一反應就是生氣，總是等到怒氣發洩完了之後，才會開始想辦法解決問題。可是，成功者卻不是如此。

他們在別人還在生氣發洩的時候，就開始思考問題的解決方法，所以他們做事的時間比一般人多，成就超越常人，最後躍上成功的頂端。

有一個小公司，辛辛苦苦地趕了一批貨，交給了一家新開發的客戶，沒想到交貨之後，卻遲遲等不到客戶將貨款匯來。

因為年關將近，公司急需這筆款項，等了兩個星期後，老闆決定親自到客戶的公司拜訪，詢問為什麼貨款還沒有支付。

老闆在該公司等了一段時間之後，對方負責處理這批貨的人才出現，交給他一張可以立即兌現的現金支票。

老闆拿著客戶開出的現金支票趕到銀行，希望能夠立刻兌換成現金，準備過年的時候應急用。

但是，當他將支票交給銀行的櫃檯小姐時，對方卻告訴他，這個帳戶已經有很長一段時間沒有資金往來了，而且戶頭內的存款也不足，他的支票根本無法兌現。

老闆明白是那個客戶故意要刁難他，原本想立刻衝回客戶的公司和他大吵一架。但是，這個老闆一向秉持著「和氣生財」的經營原則，連忙壓下自己的怒氣，向銀行的櫃檯小姐陳述了自己的窘況，並詢問這張支票之所以無法兌現，到底差

了多少錢。

老闆的態度很誠懇，櫃檯小姐便很熱心地幫他查詢。查詢的結果是，戶頭內只剩下九萬八千元，跟他的支票金額只差了兩千元。正如老闆所料，這個客戶存心和他過不去。就在這時，老闆靈機一動，從身上拿出兩千元，請櫃檯小姐幫他存到客戶的帳號裡，補足支票的面額十萬元後，再將支票軋進去。

就這樣，終於讓他順利地領到貨款了。

我們常常可以見到，許多企業中，有些職員在各方面的能力不及別人，但卻能躍居重要的職位。

原因在於，僱主最注重的並不是職員本身具備多麼傑出的「才華」，而是他們是否是頭腦清楚、身心健全、判斷力正確的人。

只有頭腦清楚的人，才不會做出用情緒解決問題的蠢事。

照理來說，故事中這位老闆可以怒氣沖沖跑到客戶的公司抱怨一番，但是他

卻沒有選擇這麼做。因爲他知道，要是他這麼做的話，不但浪費自己的時間，而且也會因此永遠失去這個客戶了。所以，他寧願把時間花在解決問題上，而不用來製造新的問題。

下一次當你遇到問題的時候，先別急著生氣，心平氣和地想一想，如果生氣對解決問題有用的話，那麼再生氣也不遲。

把握當下，才能創造未來

無論昨日成功或失敗，並無法預測你明天是成功還是失敗，
因為生活只有當下，人生也只有現在和未來。

回想昨日你所做錯的事，或是尚未完成的任務，對你來說，這個回想的動作

會讓你充滿快樂，還是悔恨？

或許，你該記住這番話：「不要用哀悼的眼光檢視過去，而是要明智地放下，

設法改變現在。學會放下，活在當下，才能擁有希望和未來。」

挪威船王阿特勒‧耶伯生在三十一歲時，繼承了父親的船公司，從那天開始，他也正式展開經商之路。

經過十幾年艱苦奮鬥，耶伯生的公司從原本只有七艘船的小公司，慢慢發展到擁有九十艘船的大型公司，此外，他還進軍世界各地的油田、工廠，甚至在其他各種不同產業中也有大量投資。

有人試探性地問他：「你現在到底有多少財產？」

耶伯生搖了搖頭說：「其實，我也不太清楚，我唯一比較清楚的是，投注的保險金額大約有五十七億克朗。」

其實，耶伯生是個頗具遠見的生意人，當初接下父親的所有事業時，便發現其中的油船產業似乎沒有什麼發展空間，所以接管一年之後，果斷地賣掉了油船，退出運油的行列。

耶伯生對合作夥伴說道：「想在航運業有一番作為，以目前的情況並不容易，因為這家公司沒有實力，操控權其實是掌握在石油大亨們的手中，我仔細評估後認為，如果把大部分的本錢全押在兩三艘大油船上，實在是件很冒險的事，對此，

我沒有十足的把握。」

耶伯生一退出運油行業後，迅速將資金轉投資在散裝貨輪的運輸上，並與工業部門簽訂了長期的運輸合約。

一切如耶伯生預測，就在他將油船脫手後，石油運輸的投資家在七〇年代中期連遭噩運打擊，他卻穩如泰山，絲毫無損。

在握有長期合約的基礎上，耶伯生踏實經營，慢慢地增置了六千噸至六萬噸的散裝船，開始為大企業運輸鋼鐵產品和其他散裝原料，也積累了雄厚的資本與成就光芒。

耶伯生經常說：「想發展挪威的航運業，必須朝向世界，不該把眼光逗留在國內的航運中。」

提及自己的成功經驗，他說：「你必須堅決走出去，才能看見未來，而不是一直沉緬於過去，或自限於過去的保守或成就中，要用觀察力和判斷力看見明天，看見哪裡有可利用的資本，或需要運送的貨物，那麼你就往哪裡去，而這就是我成功的關鍵。」

從耶伯生的經驗來看，能果決地前進，自然而然能看見夢想的未來，一旦態度守舊，故步自封，再好的機會也無法掌握在手。

站立在生活的高處，你看見的是自己腳下的小草，還是放眼望去的寬闊花海？

不要一直沉緬在過去的成功或失敗之中，生活也不要有太多的回望，因為時間從不會倒轉。

用正確的心態面對生活中的過去、現在和當下，過去的已經過去，無論昨日成功或失敗，並無法預測你明天是成功還是失敗，因為生活只有當下，人生也只有現在和未來。

所以，我們要積極地往前航行，一如故事中的啟示：「果決前進，不要把眼光停滯在目前，因為明天很快就要成為過去，一旦過去了，我們便要少掉掌握一天的好時機。」

立下志願，就要讓它實現

在實現目標的道路上，必定會有各式各樣的阻礙，也會遇到無法預料的挫折，讓許多人才剛跨出，旋即害怕退縮。

如今是否已如願達成了呢？

翻開年少的記憶簿，你是否也想起當時曾許下的人生目標？闔頁省思，目標

什麼是最好的人生目標，標準只有一個，那便是面對這個夢想目標，持續堅持下去，盡全力做到最好。

這天，中川老師給即將畢業的學生們出一道作文題目，在黑板上寫下了「今後的打算」四個字。

寫作時間結束，中川老師開始閱讀一個個偉大的目標，有人寫著：「我以後要當一名大公司的職員！」

也有人期許自己：「我要成為一個科學家！」

當然，也有人希望能成為醫生，救助需要幫助的人。

中川老師認真地批閱著，在這些多元的願望中，他發現了兩篇文章最令人感動。一篇是學業成績表現不佳，但性格相當開朗的岡田三吉所作的，另一篇則是罹患小兒麻痺症的大川五郎所寫。

岡田三吉寫道：「在我很小的時候，爸爸就去世了，我對他的印象幾乎是空白的。但是，當我聽說爸爸是個手藝高超的鞋匠時，我便決定，未來我要做日本第一流的鞋匠。」

而大川五郎的願望則是：「我自知身體不如人，無法像普通人那樣能做很多工作。不過，我很幸運，有個在東京做裁縫的親戚願意給我學習的機會，雖然我

的動作不甚靈巧，但是只要我努力學習，一定能做出最漂亮的衣服，將來我要做

一名日本第一流的裁縫。」

看完這兩篇文章，中川老師不禁微笑：「好，日本第一流的人物！」

畢業典禮結束時，三吉和五郎上前向老師道別。

「老師，我決定明天就到金澤市的鞋店工作。」三吉滿臉自信地說。

這時，五郎小臉上泛著紅暈，也大聲地對他說：「老師，我要前往東京了，

氣喔！」

不久之後，我就要成為一名裁縫師了。」

中川點了點頭，笑著說：「嗯！你們都要朝著日本第一流的方向出發，也要

朝著日本第一流人物的目標前進。孩子，不論這條道路多麼艱難，你們都不要洩

希望。

少年用力地點著頭，他們聽見老師的鼓勵，對於自己的未來也充滿了信心和

八年以後，他們果然分別成為日本第一流的鞋匠與裁縫師，人們只要來到東

京，向當地人問起鞋匠三吉和裁縫五郎，幾乎每個人都豎起大拇指說：「好！」

每個人都一定會有夢想，也一定會有心中最想做的事。然而，在實現目標的

道路上，必定會有各式各樣的阻礙，也會遇到許多無法預料的挫折，這些難關讓

許多人才剛跨出，旋即就因為害怕而退縮，甚至連夢想和目標也慢慢地被擱置了。

至於能實現目標的人，不是因為他們的機運比別人好，也不是他們的天賦比

別人強，只是他們和三吉與五郎一樣，始終都相信：「我的目標一定能實現，我

一定能成為第一流人物！」

堅毅與自信是他們成功的關鍵，當然也是無法達成目標的人最缺乏的條件。

每一個夢想都有實現的機會，只要我們立定目標的那一刻，能和三吉、五郎一起

將中川老師的勉勵銘記在心：「再艱難，你們都不要放棄，我相信你們一定會成

功！」

成功等於X＋Y＋Z

如果你能在遭遇阻礙或外力干擾時，仍專注地朝自己的目標向前，那麼恭禧你，你已經走在成功的軌道上了。

沒有人會想成為失敗者，大家都是以「成功」作為人生努力的目標。

雖然如此，可是真正下定決心去做的人卻不多，所以成功的人總是比失敗的人少，因此也更值得大家的尊敬。

有一位畫家，一直想幫愛因斯坦畫一幅人像，可是愛因斯坦總是不答應，於

是畫家便轉而請求愛因斯坦的夫人幫忙。

愛因斯坦的夫人對畫家說：「你想讓愛因斯坦答應你為他畫人像，並不是件容易的事，他是最不喜歡出鋒頭的人。之前曾經有記者在報紙上刊登了他的照片，又為他做了專題報導，這讓他不高興了好幾天。」

畫家並沒有因為愛因斯坦夫人的話而洩氣，仍然一直努力地說服愛因斯坦。

經過畫家不斷地請求，並且保證絕對不會刊登出來之後，愛因斯坦才同意畫家替他畫像。

畫完之後，愛因斯坦還反覆叮囑畫家說：「請你千萬不要把我的畫像登在報紙上，在報紙上刊登畫像或照片，是電影明星才需要做的事，我是科學家，不需要這麼做。」

畫家帶著完成的畫像向愛因斯坦告別，臨走前，畫家向愛因斯坦請教了一個問題：「請問，人生有所謂成功的公式嗎？」

愛因斯坦思索了一下，回答：「有，公式是A＝X＋Y＋Z。」

畫家問：「這個公式代表什麼意思？」

愛因斯坦淡淡地回答說：「A代表成功，X代表工作，Y代表休息，Z就是

少說廢話！」

生活中，我們最常犯的錯誤就是拿無關緊要的小事來消耗自己寶貴的時間精

力，例如使用裝腔作勢的說話態度，專說些囉唆的話語。

如果我們不能妥善運用智慧，使自己成為生活的真正主人，那麼我們就會活

在虛妄和幻想中，永遠不會成功。

愛因斯坦說的「少說廢話」，指的就是專心，由此可見，想要獲得成功，專

心於你的目標便是不二法門。

如果你能在遭遇阻礙或外力干擾時，仍然專注地朝自己的目標向前，那麼恭

禧你，你已經走在成功的軌道上了。

年紀越大，心態就要越年輕

只要你不放棄讓自己隨時保持年輕和熱情的心態，那麼年齡對你而言，並沒有太大意義，只不過是一個數字而已。

不知道你有沒有看過這種情形：明明才一個二十出頭的年輕人，卻總是一副無精打采的樣子；可是反觀有些七、八十歲的老人家，卻依然神采奕奕，容光煥發得像年輕人一樣。

之所以會產生這種現象，其實都是因為心境造成的。

你認為你是什麼樣的人，你的外表就會展現出你所想的樣子。

畢卡索於一九六六年，在法國巴黎舉行了一次個人回顧展，展出的作品依照創作年代的順序來排列。

在這一次的回顧展中，可以清楚地看出畢卡索畫風的轉變。

在他創作的初期，作品大都以風景畫和靜物寫生為主；到了中期，很明顯地可以從風景畫中，看出有一些不諧調的色彩出現，而靜物的寫生，也不像初期那樣的寫實。

等到後期，畢卡索的作品開始展現出世人熟知的畫風：抽象而且變形的人體、充滿活力的線條，以及各種用色大膽的幾何圖形，形成能夠引人徜徉在其中的無盡趣味。

畢卡索有一位畫家兼評論家朋友，看完這次的回顧展後，問當時高齡八十五歲的畢卡索說：「你這次畫展的排列順序，真是令我感到不解。你初期的作品看起來穩重嚴肅，但是越往後發展，越是顯得狂放不羈，好像完全沒有規則可循。

依我看，你的畫作年代排列，應該要倒過來才對。」

畢卡索聽了朋友的話，笑笑地回答說：「人一旦上了年紀，往往需要很長的時間，才能夠回復青春，但是只要你願意，你還是可以做得到。我的畫想要表達的，就是這種想法。」

人生，其實就是我們自己彩繪的圖畫，要展現什麼色調，表達什麼意涵，決定權也全都在自己手上。

人生的價值並不是依據外表的美醜、財富、地未來衡量，而是你是否對自己深具信心，是否敢讓自己越活越年輕。

畢卡索用他的畫筆，展現出他年輕的心境，也說明了，一個人的年紀大小，並不代表他的生活態度和想法。

只要你不放棄讓自己隨時保持年輕和熱情的心態，那麼年齡對你而言，並沒有太大意義，只不過是一個數字而已。

沒有判斷力的人會提早出局

處在這個變化迅速的時代，唯有早人一步做出正確的判斷，

才能保證自己不被淘汰。

想要成為一個成功者，首先必須具備的條件，就是懂得取捨，能在危急的時

候做出最正確的判斷。可是，要培養出權衡輕重的能力並不是容易的事，除了必

須隨時注意週遭環境的動態之外，敏銳的觀察力也是不可或缺的。

有位作家曾經寫過一則饒富寓意的親子對談。

/ 331 /

有一個小孩拿著一本故事書，跑到媽媽的面前，滿臉不解地問道：「媽媽，司馬光打破了水缸，救出跌落在缸裡的小孩，可是水缸被打破了，不是一件很可惜的事嗎？」

媽媽回答小孩：「但是他不立刻打破水缸，又沒有大人幫忙的話，那個小孩子很可能會因此淹死，所以只好把水缸打破啊。」

過了不久，小孩又指著《伊索寓言》故事書上的圖畫，問媽媽說：「媽媽，烏鴉為了喝瓶子裡的水而把小石頭丟進瓶子裡，可是，烏鴉難道不怕小石頭弄髒水嗎？」

媽媽很有耐心地向小孩解釋：「當時烏鴉非常口渴，而且又找不到別的水源，當然只好忍著髒了。」

沒隔幾分鐘，小孩又拿了一份報紙過來，指著上面的一則新聞說：「媽媽，這個人在山裡面割草的時候被毒蛇咬傷了，居然用鐮刀把自己被咬的腳趾砍斷，真是太可怕了！」

媽媽對小孩說：「這是因為，他知道被毒蛇咬到，如果不立即治療是會死掉

造與需要以特定的方式彼此緊緊聯繫著。

人類的一切發展，不管內容如何，都可以看做是一系列不同的創造過程。創

確的決定，獲得自己需要的助力。

不管遇到什麼困境，只要我們仍舊保持著積極樂觀的心態，就不難做出最正

鍛鍊，則身心交益，不受其鍛鍊則身心交損。」

洪應明在《菜根譚》書中寫道：「橫逆困境是鍛鍊豪傑的一副爐錘，能受其

力是很重要的。」

果不砍掉自己的腳趾，那麼他就會因此喪命。所以，你要記住，權衡輕重的判斷

的小孩很可能就會淹死；烏鴉如果怕石頭髒，很可能會因此而渴死；割草的人如

媽媽把小孩抱過來，溫和地對他說：「司馬光如果珍惜水缸的話，跌入水缸

他就會死在山上了。」

的，而且當時離山下很遠，根本來不及找醫生，所以只好把腳趾砍掉，不然的話，

需要，就像是一位嚴肅而又親切的老師，教導著人類利用頭腦，發揮本身的聰明才智，去克服自己所遭遇到的種種困難。如果人遇到困難之時，不懂得運用腦力為自己創造奇蹟，那麼，就無異是屈服於命運的低等動物。

處在這個變化迅速的時代，唯有早人一步做出正確的判斷，才能保證自己不被淘汰。要比別人早一步做出正確的判斷，平時就得先培養自己權衡輕重的能力，只有如此，才能在現代社會中擁有一席之地。

不要淪為慾望的奴隸

要記住，慾望是人類的工具，目的是用來讓人類生活更好，
而不要讓自己淪為慾望的奴隸。

有位作家曾經這麼說：「人的慾望就像『魔戒』一樣，只要動了貪念，就無法讓自己獲得幸福。」

的確，貪得無厭、不懂得知足的人，永遠無法得到自己想要的，因為，他的慾望像一個「無底洞」，誰也無法將它填滿。

現代人的物質生活雖然很豐富，但是，由於瘋狂而盲目地追求身外之物，心靈卻逐漸空虛。

不管是權力、名位，還是金錢，帶來的快樂都只是暫時的，雖然它們的重要性不容懷疑，但是，無論它們在現實生活中再怎麼重要，也不能用來交換心靈的快樂與滿足。

那是因為，快樂是精神層次的感受，不是物質層次的東西可以替代的。

據說，上帝雖然依照自己的形象創造了人類，可是不想將生命的秘密告訴人類，怕人類知道之後會威脅到眾神的威嚴。

但是，上帝左思右想，又不知道該把生命的秘密藏在什麼地方，才不會輕易被人類發現。

上帝於是召集眾神，問他們有沒有什麼好辦法。

其中，一個天神提議說：「乾脆我們把這個秘密埋藏在高山上面，這樣人類就找不到了。」

上帝想了一下，覺得不妥：「可是，萬一有一天人類去山上開墾的話，不就

被發現了嗎？」

又有一個天神提議說：「那就把這個秘密藏在最深邃的海底好了。」

上帝又搖搖頭說：「這個方法也不好。我賜予了人類智慧，等到他們以後發展出高度的科技文明時，自然也有辦法到深海底探勘，到時候這個秘密還是會被找出來的。」

就在眾神都想不出好的方法之時，有一個排在最後面的天神走到上帝面前，說道：「我有一個好辦法，乾脆把生命的秘密藏在人類的心靈深處，因為人類的天性只會不斷向外追尋，從來不會探索自己的內心深處。把生命的秘密放在這裡，人類就會永遠找不到它了。」

上帝聽了覺得有理，於是採用這位天神的辦法，從此便將生命的秘密藏在每個人的心靈深處。

在這個世界上，能真正發現「自己」，並且把內在最美好的能力發揮出來的

人並不多見。

因為，大多數的人並不清楚自己的「生命資產」有多麼豐富，也不知道該如何靈活運用。

只要找到「生命的秘密」，就能擴展我們的視野，開發我們的能力，並喚醒我們的潛能，我們會感到有一股全新的力量在血液裡迴旋激盪，有一種蓬勃的激情在全身上下身洶湧澎湃。

的確，生命的秘密就在你我的心靈深處。

我們都只是塵世裡凡人，心裡都會有著各種慾望，而且正因為有了這些慾望才會激發不斷進步的動力。

擁有適度的慾望並不是一件壞事，但是要記住，千萬不要讓過多的慾望蒙蔽了自己的心靈。否則，你不但會越來越不快樂，同時在人生的過程中，遍尋不著生命的真正意義。

要記住，慾望是人類的工具，目的是用來讓人類生活更好，而不要讓自己淪為慾望的奴隸。

天堂和地獄
就在轉念之間

面對人生的各項課題，選擇權就掌握在我們手中，
是好是壞、是善或惡，全在你的一念之間！

不要讓負面情緒傷害自己

傷害別人的動作就像是玩彈力球，出手的力道越重，球反彈回來的力量便會越大，隨時會被自己擊出的反彈球打得滿頭包啊！

勵志作家賴爾曾經寫道：「如果你想獲得幸福，那就不要悔恨過去，也不要沉溺於眼前的苦厄，更不要讓自己的內心充滿仇恨。」

不容否認的，我們絕大部分的痛苦大都來自於失望與怨懟的情緒，更糟糕的是心中對週遭的人事物充滿恨意。

為了害人卻反傷自己的情況，在現實生活中可說屢見不鮮，那些絞盡腦汁，心裡老想著要挖陷阱讓敵人掉入的人，最後卻常常因為自己的疏忽，而掉入自設

的囚籠中。

恨意只會害人害己，如果你想讓自己過得幸福，那麼，就必須學會退讓一步，把心中那些恨意放下，用積極、開朗、樂觀的態度面對生活。

小張與一個人有仇，長久以來，滿腦子都在想，要如何報復對方。

但是，不管怎麼想，就是想不出一個令他滿意的方法，每天困在復仇牢籠裡的他，終日鬱鬱寡歡，已經好久沒有展露笑容了。

朋友見狀，忍不住問他：「你為什麼看起來那麼痛苦？究竟是什麼事讓你悶悶不樂呢？」

小張氣憤地說：「你不知道，有個人一天到晚說我的壞話，實在讓人非常生氣，這個仇我非報不可。只是，唉，我想來想去，怎麼都想不出一個好方法，實在非常苦惱。」

朋友聽完後，笑著說：「那很簡單啊！你只要學會一種秘咒後，就可以隨時

加害他了。不過，在學這個咒語之前，你必須先考慮清楚，想使用這個咒語的人，

在使用之前就會先死去，所以到現在為止，還沒有人真正使用成功，我想，你還

是不要學了吧！免得仇人未死，自己卻先走了。」

沒想到，小張聽完朋友的話後，居然堅定地說：「真的嗎？快告訴我那個咒

語吧！我一定要報這個仇，只要仇人能死，就算我先死也無所謂的。」

於是，被仇恨蒙蔽心靈的小張，真的去學這個秘咒，最後不僅死在自己的手

中，還死在仇人的面前。

為了幾句不中聽的「人言」，寧願犧牲自己的性命也要報仇的小張，最後又

得到了些什麼？

看著小張最終的情況，反諷與警示的力量或許正震懾著你的心，那麼，如果

你還在想辦法要扯別人的後腿，是不是該停下你的報復之心，仔細地看一看自己

的步伐，是否也即將一腳踩錯，掉入自設的陷阱中呢？

害人之心不可有，因為，傷害別人的動作就像是玩彈力球一樣，出手的力道

越重，球反彈回來的力量便會越大，一個不小心，你隨時會被自己擊出的反彈球

打得滿頭包啊！

既然如此，何不放下那些啃食自己心靈的負面情緒？

人生有苦有樂，有毀有譽，保持開朗的心態，才有更寬闊的未來。

如果我們不想讓自己活在哀怨、憎恨的悲慘世界，就必學會用寬厚的心胸包

容眼前不如己意的際遇，才不會讓那些負面情緒傷害自己。

佔有越多，失去越多

每個人都會有貪念，也都希望別人為我們多付出一點，而自己能付出少一點，但請別忘了「分工」與「分享」的共體精神。

為了一己之私，很多人習慣用犧牲他人的方式，來滿足自己的慾望，但是處處想佔人便宜，處處都得不到便宜，因為，當我們的貪慾一起，其實我們也開始失去更多東西。

索求越多，往往失去更多，唯有懂得「放下就是獲得」的道理，抱持正確的態度，方能讓自己多一點幸福，少一點痛苦。

後退一步，我們才能用開闊視野看待眼前的人事物，不再患得患失。

有個一心想成仙的男子，有天聽說有一種仙水，喝了之後就能成為仙人，於是他立即起程，尋找傳說中的仙水。

中途，他在一間旅館中投宿，老闆問他：「您想到哪兒去？」

他說：「我要去尋找仙水。」

老闆聽到後，忍不住笑了一聲，隨即見他如此傻氣，居然想捉弄他，便說：

「不用找了，我這裡有一棵仙樹，您只要爬上去，跳一段仙人舞，就可以成仙了，不必那麼辛苦找尋啦！」

這個男子聽到老闆這麼說，急切地問：「真的嗎？請您發發慈悲，快告訴我怎麼成仙吧！」

但是，老闆又說：「現在恐怕不行，因為樹神曾囑咐我，凡是要求仙道的人，都必須在這兒做一年苦工才可以，否則很難成功……」

男子一聽，連忙說：「沒問題，我一定能做到！」

男子心想：「傳說中的仙水未必就能找到，既然這裡有仙樹，那麼等一年也無妨啊！」於是，他就立即答應，也立即開工，不管多麼辛苦，他都非常努力去做。

很快地，一年的期限就到了，老闆這才想起他的「謊言」，開始煩惱：「我要去哪兒找仙樹呢？」

為了實現「諾言」，他帶著男子到山中去，隨意地指著山腰上的一棵樹說：

「這就是仙樹，你爬上去後，等我叫了一聲『飛』，你就從上面飛躍下來，這樣，你就可以馬上升空成仙了！」

男子一聽，不顧死活地爬了上去，並照著老闆的話去做。

出乎意料地，這個男子居然真的飛騰起來，凌空而去，從此還得了神通。這讓有心欺騙的老闆驚訝不已：「怎麼會這樣，原本以為他會從樹上跌下來，沒想到他竟然真的飛向天空，難不成，這棵樹真的是仙樹？」

從此，老闆對這棵樹視同珍寶。不久，這個老闆也想當神仙，於是便對兒子說：「我已經老了，這個家就由你繼承，我現在要當神仙去了。」

於是，他和兒子來到這棵仙樹底下，他命兒子在樹下幫他，只見兒子叫喊著：

「爸爸！飛！」

老闆像是很有把握似地，猛地縱身一躍，沒想到他並沒有向上升起，而是向下直墜，就這樣，到死前他都不知道為何丟了性命。

一定有人好奇，怎麼兩個人的結果會如此不同，其實是因為：「兩個人的『心』不同，所以結果不同了。」

別有居心的老闆，雖然騙到了求仙者的勞力，卻也被自己的心所欺騙了，因為，他千算萬算，卻忘了計算，有心害人所必須付出的代價。

老闆從明知根本沒有仙樹到完全相信，也正表現出聰明反被聰明誤的愚昧，由於貪婪與有心欺負，最後也吃下了自己所栽種的惡果。

每個人都會有貪念，也都希望別人為我們多付出一點，而自己能付出少一點，但請別忘了萬物的群居特性，即使是小螞蟻也都知道「分工」與「分享」的共體

精神，更何況是號稱「萬物之靈」的我們呢？

暢銷激勵作家哈伯德曾經這麼說道：「人生最大的幸福，並不是你得到什麼東西，而是在於你放下什麼東西。」

確實如此，幸福的感覺往往從放下的那一刻開始。當我們懂得放下心中的貪念，懂得放下那些想要牢牢掌控人事物的心思，我們才能找到真正的幸福。

執迷不悟就會走上錯誤的道路

人生的方向掌握在我們的手中，踏錯一步，不僅要用加倍的代價重新來過，更有可能因而永遠達不到夢想中的目標。

釋迦牟尼曾說：「色即是惡魔，有決心的人就能離色，得到解脫。」

人世間的各種誘惑無所不在，充滿誘惑的事物往往讓人怦然心動，但這些誘惑暗藏的，正是讓人身敗名裂的暗流漩渦。

人生的路並不長，每走錯一段路，人生路相對便要少掉一截，即使來得及回頭、重新來過，可是走錯的那一段時間終究已經失去。

有個長相平凡的男子娶了一位非常漂亮的妻子，他對於這位美麗嬌妻，可說是呵護備至，有求必應，就像是伺候皇后般地寵愛著她。

但是，這位美麗妻子對於丈夫的付出，卻一點也不感到滿足，居然還紅杏出牆，迷戀上丈夫的一位朋友。

有一天，她趁著丈夫外出做生意時，找來一位媒婆：「我給妳千兩銀元，請妳幫我一個忙！」

媒婆擠眉弄眼地對她說道：「放心，有什麼事儘管向我說，我一定會保守秘密的。」

她語帶嬌嗔地說：「我有一個愛人，為了他，我願意付出一切，不知道妳有沒有什麼辦法，可以讓我們永遠在一起？」

媒婆想了想，說：「這很容易，只是妳能給我多少報酬啊？」

妻子著急地說：「只要成功了，什麼都依妳。」

媒婆高興地說：「妳放心地回家收拾一切後就走，晚一點，我再找個女屍放到妳的床上，等妳的丈夫回來時，我會告訴他，妳不幸染患急病，已經死了，那不就成了？」

於是，妻子付了錢後便離開，而媒婆也找來一具女屍，並套上妻子的衣服在女屍身上，打扮後倒有些相像。

等丈夫回來時，聽說妻子死了，居然沒有懷疑，還在屍體身邊哭了好幾天，隨後在眾人的勸說下，他才肯將「妻子」火化。

而離家出走的妻子，和情人在一起後，日子久了，覺得眼前這個男子不僅厭煩，而且不懂得疼惜她，這時，她的腦海再次浮現了那個百依百順的丈夫。

男人都能像前夫那樣疼愛她，畢竟不是每個禁不住思念之苦，她終於回去找丈夫了。

然而，當她對丈夫說「我是你的妻子」時，丈夫怒氣沖沖地對她說：「我的妻子已經死了，妳是什麼人？為什麼要欺騙我？」

妻子認真地說：「我真的是你的妻子，你看清楚一點，那個屍體是別人啊，

「我沒有騙你！」

然而，不管她怎麼哀求，丈夫始終堅持：「我的妻子已經死了！」

很多人就像故事中的女主角一樣，選擇人生的方向時，明明知道前路不通，或是遇到好心人勸導，說明前方已是斷崖，仍然執迷不悟，執意要走下去，直到來到斷崖邊，發現已無路可行時，這才後悔當初沒聽勸告，懊惱自己怎麼不三思而行。

想一想，你是否也正走在這樣的執迷道路上？

人生的方向掌握在我們的手中，正因為選擇的權利在我們手中，更要小心謹慎，因為，踏錯一步，我們不僅要用加倍的代價重新來過，更有可能因為這一步，而永遠達不到夢想中的目標。

不要用恨意解決問題

不要被斥責幾句就心懷怨恨，也不要把一時的失意，推卸在別人的身上，因為，再多的怨懟與仇視，也無法幫助你解決問題。

日本一代名僧日蓮上人曾經勸告信眾，千萬不要在自己的心田播下仇恨的種子，因為，恨意無法解決問題，而且，人只要懷著仇恨的心理，就會和仇恨的對象彼此互相傷害，到頭來落得兩敗俱傷。

退一步就是幸福，學會寬容，學會原諒，學會釋懷，是化解對立與怨恨的唯一方法，也是焦慮且忙碌的現代生活中必修的課程，更是迎接開朗人生應當具備的涵養。

有對渴望有子傳承的夫妻，等了好幾年都等不到消息，著急的丈夫後來便娶了一個小姨太。

不久，這個小姨太真的生了一個又白又胖的男孩，丈夫當然開心得不得了，從此對小姨太更加寵愛，大老婆也慢慢地被冷落一旁。

原本就將小姨太視爲眼中釘的大老婆，眼看著小姨太生了個胖娃娃，自然非常嫉妒，然而在丈夫的寵愛下，她也無可奈何，只能趁著丈夫不在時，才給小姨太臉色看。

男孩剛過完兩歲生日後的某一天，大老婆趁著小姨太不在時，居然拿下金釵，往男孩的頭上刺去，男孩當場血流如注，不幸夭折死亡。

面對這突然發生的不幸，小姨太悲痛萬分，終日以淚洗面，最後因爲太過思念兒子也病倒了。有親友來探望她，都提出一個疑問：「孩子這麼健康，怎麼會突然死了呢？」

小姨太想了想，覺得確實有問題，便要求開棺驗屍。

一開棺，果然在男孩的頭上發現傷口，這讓小姨太更加傷心，因為孩子居然是被害死的，她發誓：「我一定要報仇，否則我死也不瞑目。」

於是，她前去請教一位當地有名的巫師，巫師對她說：「只要妳齋戒幾個月後，便能如願了。」

愛子心切的小姨太，報仇的心非常急切，以致於在齋戒時期，她的心思被仇恨佔滿，不久竟因過度憂鬱而與世長辭。

在此同時，大老婆卻受孕了，她高興地心想：「眼中釘已拔除，如今又有身孕，丈夫從此只疼愛我一人了！」

不久，大老婆生了一個如花似玉的女兒，夫妻倆都視如掌上明珠，只是很不幸地，她活不到兩歲便死去了。

此後，大老婆一連生了六個孩子，全都活不過三歲便死了。

十幾年來，大老婆因為愛兒一個接一個夭折，被折磨得心力交瘁。

有一天，有位比丘前來找大老婆，比丘一見到她，便問：「妳還記得那個小

姨太嗎？還有她那兩週歲的兒子？」

這個詢問把大老婆嚇得全身發抖，一句話也說不出來，過了幾分鐘，她才痛苦地將小孩夭亡的原因說了出來，並請求比丘救救她。

比丘告訴她，她那些早夭的孩子們，都是小姨太的冤魂來投胎的，她要讓大老婆也受同樣的喪子之痛。

比丘說：「要解開這個怨結，妳還是到寺院裡做功德吧！」

大老婆立即遵照比丘的吩咐，起身到寺院去。但是，她才剛走到半途，便遇到一條張大了嘴巴的毒蛇，朝著她撲來，她嚇得當場暈了過去。

這時，比丘正巧趕了過來，對毒蛇說：「毒蛇呀！妳應該滿足了吧！妳想想，她只害妳一次，而妳卻報復了六次，這還不夠嗎？現在她既然悔悟，願意為妳做功德，妳也應該消除這個怨結了吧！難不成妳生生世世都只想在畜生道受苦嗎？」

毒蛇似乎明白比丘的話，只見牠垂下了頭，悵然地離開，當大老婆醒來時，毒蛇已經不見了，大老婆也徹悟以往的過錯，從此便跟著比丘出家修道，在深山中懺悔昔日的過錯。

人生旅程中，痛苦是難以避免的，正由於經歷過種種痛徹心扉的苦楚，人才能編織出屬於自己的幸福之舞。

在仇恨中輪迴，其實是件痛苦的事，簡單地想，當我們心中充滿著恨意與不滿時，生活又怎麼快樂得起來呢？

不要因為被斥責幾句，就心懷怨恨，也不要把一時的失意，推卸在別人的身上，因為，心中蘊藏再多的怨懟與仇視，也無法幫助你解決問題。

不要用恨意解決問題，學會放下，學會心寬，不僅能讓我們在快速的生活步調中，掌控好自己的情緒，更能讓我們在繁忙而失序的環境中，真正地享受自在與舒適的人生。

天堂和地獄就在轉念之間

面對人生的各項課題，選擇權就掌握在我們手中，是好是壞、是善或惡，全在你的一念之間！

《法句經》上有句警語這麼說：「銹由鐵生而傷鐵，人有不淨者，由於己罪，被引至惡處。」

這句話告誡我們，人如果貪圖身外之物而萌生傷人害人的惡念，那麼就會像鐵器生銹一樣，最後受到蝕害的，將會是自己。

善與惡雖是對立的兩面，但行善或作惡卻取決於你的一念之間，請別小看這麼一個轉念，因為這關鍵性的念頭，將會影響你的一生。

有兩個手足情深的兄弟，長大成人不久父母便相繼辭世，但兄弟倆仍然和樂地住在一起，而且對於父母留下來的東西，從來不曾想過要獨佔。

在一次閒談中，他們覺得自己應該要振興祖業，並且加以發揚光大，不該只想著維持現狀，如此才能安慰九泉之下的父母。

於是，他們計劃到外地經商，把家裡的一切安排妥當後，他們便均分了父母遺留下來的黃金，一起整裝出發。

他們翻山越嶺，一路上幾乎沒有遇到任何人，當他們走至深山寂靜的地帶時，哥哥的心中忽然生起惡念：「如果現在殺了弟弟，奪走他的金子，那我就增加了一倍的本錢，經商想必會更加順利！」

當哥哥生起這個惡念時，弟弟居然也這麼想著：「如果把哥哥除掉，他的金子就是我的，那我就不必這麼辛苦了！」

然而轉瞬間，兩個人同時又這麼想：「不行！我怎麼可以這樣想呢？這樣的

壞念頭真是罪大惡極啊！」

還好有這個即時的驚醒，促使他們的腳步走得更快，他們知

道，只要讓腳步快一些，自己便沒有時間胡思亂想。

很快地，他們便越過了山林，提早來到碧清的湖邊。

站在湖邊休息時，哥哥忽然拿出身上的金子，猛地向湖心投去，只見沉重的

黃金激起了美麗水花。

「啊！」看著四濺的水花，弟弟忍不住驚嘆一聲。

忽然，又一聲「噗通」，湖面再次濺起了水花，這次是弟弟毅然丟下了他手

上的黃金。看著弟弟也拋出了黃金，哥哥忍不住問道：「弟弟，我要對你說實話，

我曾經為了這筆黃金而心生歹念，想過要謀害你，幸好及時覺醒，所以決定將它

拋入水中以絕後患，至於你，又是為了什麼？」

弟弟滿臉慚愧地說：「我，我也和你一樣，也有過罪惡的想法！不過，我們

現在已經安全了，不是嗎？」

哥哥點了點頭，笑著將手搭在弟弟的肩上，兩個人抬起頭，看著寬廣的天空，

心情就像眼前飄過的白雲一般，輕盈而閒適。

俄國寓言作家克雷洛夫曾經寫道：「貪心的人想把什麼都弄到手，最後的結果卻是什麼都失去了。」

貪婪是一個無底洞，讓人耗盡心機，只為了追求眼前的利益。如果不知道適時放下心中的貪念，就會讓自己直奔地獄。

你準備用哭臉或笑臉來迎接生活，只在一個轉念；你會行善或做惡，也只在一個轉念，而後因果便會立即顯現。

就像故事中的兄弟，一念之差，差點犯下了滔天大罪，所幸他們同時轉念一想，及時從無間地獄的入口回到了人間天堂。

面對人生的各項課題，選擇權就掌握在我們手中，是好是壞、是善或惡，其實在每個人的心中都有一個標準天秤，只是你想把砝碼加在哪一邊，全在你的一念之間！

用平常心看待「意外的黃金」

遇到「意外的黃金」，我們要用平常心面對，更要以積極的行動，讓每一個多得的意外都能成為生活的助力。

英國文豪狄更斯在他的著作中曾經寫過一句警惕世人的話語：「一念之差，貽誤終身，都是因為我們耽於所好、溺於所欲造成的。」

確實如此，《四十二章經》也提醒我們，世人往往為了滿足慾望，處心積慮地追求亮麗耀眼的身外財物，這就好像貪吃的小孩舔著塗在刀口上的蜂蜜，稍不留神就會割斷自己的舌頭，豈能不謹慎衡量利弊得失呢？

沒有人不喜歡黃金，但是，更多時候，肯定每個人更需要麵包！

只要我們肯付出，食衣住行方面的基本溫飽與便利一定都能充足獲得；只要我們的慾望少一點，生活簡單一點，日子一定能過得舒適自在，這些生活上的幸福與滿足感，是你手捧著萬兩黃金也不一定能換得的。

很久以前，有一群人來到一座荒島，當他們踏上這塊土地時，每個人都對自己說：「我要好好地開墾這片土地，為移居到荒島上的每一個人，建設出一片新天地、一座世外桃源。」

眼下這個季節是翻土、播種的好時候，而在大地上努力彎腰工作的身影，正四處可見。

就在這個時候，有個人大聲呼喊著：「是黃金！地底有黃金啊！」

真的是黃金，黃澄澄的金塊在陽光的照耀下，閃爍著金色的光芒，所有的人停下了耕作，他們全被這金黃色的光芒吸引，只見每個人更加賣力地挖掘，但是，他們不是為了播種而翻土，而是為了尋找黃金。

現在，所有人最在意的，是那些能夠讓人過奢侈生活的金礦，而不是過安穩日子的播種，他們已經忘了耕作的事務，更忘了當初要在這塊新的土地上過新生活的決心。

時間過得飛快，春天過去了，夏天已經來到，播種的時節也早被遺忘，成天只想著挖金礦的人們，對於更切身的農事早就不再在意了。

因為，人人只想成為「大富翁」！

但是，口袋裡裝滿了黃金又如何呢？

當秋風吹起，他們當初帶來的糧食已經所剩無幾，由於他們荒廢了農作，如今在秋收的時分，他們竟然連一束稻穗都看不見。

不久，冬雪飄落，所有的糧食已經被吃光了，受不了饑寒交迫，每個人都躺在黃金堆中奄奄一息。

看著故事中的人們，從滿懷理想到利慾薰心，最終更躺在黃金堆中奄奄一息，

其中的過程轉折，給了你多少省思？

用平常心看待「意外的黃金」，是故事帶給我們的警惕，事實上，生活中，

秉持腳踏實地的態度是必要的，因為，意外之財隨時會意外失去，所以懂得幸福

過日的哲人總是這麼教誨我們：「意外之財始終是多餘的！」

因為是多餘的，所以即使擁有了它，也絕不能偏離原來的人生方向，更不能

為了這類意外的小插曲，亂了自己的生活步伐。

遇到「意外的黃金」，我們要用平常心面對，更要以積極的行動，讓每一個

多得的意外都能成為生活的助力，幫助自己提早完成人生的夢想。

越富有越要懂得謙虛

越驕傲自滿的人，他們眼前的財富與地位越容易不保，因為不懂得謙虛待人，必定會失去人們的信服與支持。

隨著年齡的增長，提昇生活境界的慾望也會增長，但如果不能懷著謙卑的心，人就會變成貪得無厭、傲慢自大。

佛家有句名言說：「富貴名利，直從滅處觀究竟，則貪念自輕；橫逆困窮，直從起處究由來，則怨尤自息。」

我們站得越高，越要抱持感恩的心，與人誠心相待、謙虛交往，因為眼前的財富不是我們獨力獲得的，而是結合了許多人的力量得到的，其中還包括了許多

你完全不認識的陌生人。

有個貧窮的人努力地打工賺錢，終於存了點錢，左思右想之後，準備拿這些錢去做點小生意。

雖然從小生活窮苦，但他從不相信自己會窮苦一輩子，一直以來，給予他希望和動力的，是他相信，只要他每天誠心地向老天爺祈求，老天爺便會賜予他財富和幸福的力量。

就這樣，他信心滿滿地等待了十二年，從未放棄或失望過。

人窮志不窮的他，做事非常認真，他對自己說：「日子再苦，我也不能向別人借錢，只要我每天都勤奮努力過日子，一定會看見幸福。」

終於，他的誠心感動了老天爺，這天晚上，當他再次焚香祈禱之時，忽然有個人來到他的面前，而且不等他開口詢問，這個陌生人便主動說：「放心，我是來幫助你的。」

「你是什麼人啊？」窮人仍擔心地質問著。

「我就是你嘴裡的『老天爺』啊！十二年了，你一天兩次的祈禱我都聽見了，看你是個老實的人，我接受你的祈求。來，這瓶子叫『德瓶』，你要好好地保管它，只要你心中想什麼，這個德瓶都會滿足你的願望。」天神將瓶子交給窮人以後，便隱身不見了。

有了這個瓶子，窮人忽然間一躍成為城裡最富有的人，銀兩不僅能任他花用，連女僕等也會時刻出現來侍奉他。

生活大幅改變之後，他的性情也起了變化，不僅經常在親友們面前誇耀自己的財富，態度更是驕傲異常，整個人也變得懶惰放肆，做事也不像過去那樣踏實，甚至每天早晚兩次的祝禱也停止了。

因為，他早就忘了這些富貴是怎麼來的，所以才會不以為然地說：「我已經這樣富貴了，哪裡還需要老天爺呢？」

這天，大富翁開了一個生日宴會，當然也是為了誇示他的富有。

就在他半酣的時候，有個朋友問道：「老朋友啊！你以前那樣窮苦，怎麼一

下子就變得如此富裕，是不是有什麼致富的秘密，說出來聽聽吧！」

有點醉意的富翁，聽見朋友這麼詢問，不禁得意洋洋地回答說：「這全靠我的德瓶，這個德瓶啊，只要我想要什麼，它都會滿足我的願望，我就是靠著它致富的。」

聽他這麼一說，所有人都好奇地看著他，隨即有人請求他把德瓶拿出來，讓大家開開眼界。他未經考慮便一口答應，連忙把德瓶拿出來現寶，還做了幾個實驗，賓客們見狀，無不嘖嘖稱奇。

這時，富翁忽然心生一計：「瓶子這麼小，實在不夠威風，如果把它變大一點，讓我可以登上瓶子跳舞，那不是更有趣嗎？」

忽然間，小小的瓶子變大了好幾十倍，而他也真的爬到瓶子上手舞足蹈起來。

但就在他忘情熱舞之際，一不小心瓶身撞到了桌角，「啪」地一聲破裂了，而那些由德瓶所變化出來的東西，也登時隨著瓶破而全部消失。

那些銀器財寶、侍女……等等，轉瞬間全都不見了，只剩下當初他居住的那間破屋和舊衣服。

一個人對事物有了偏狹看法，就像是內心佈滿蜘蛛網。這張網會不斷地纏住自己的腦袋和眼睛，把所有錯誤的看法反射到日常生活之中，認為自己高人一等，認為自己無所不能。

驕奢必定招致失敗，從這個故事當中我們可以看到：「越驕傲自滿的人，他們眼前的財富與地位越容易不保，因為不懂得謙虛待人，必定會失去人們的信服與支持。」

也許，有人不免要問：「那麼，究竟要怎樣才能擁有真正的財富，如何才能讓財富長長久久？」

方法無他，「放下」而已！因為我們手中的財富與地位，絕對無法靠我們獨力獲得，必須依靠許多人的配合與幫忙，才有機會站上成就的高峰，唯有放下驕奢的心態，我們才能擁有更多未來。

過分貪求，將讓你一無所有

好好地思考一番，或停下忙亂的步伐，回頭看看，我們一路與人競爭之後，到底有多少東西是真正為我們所擁有的？

釋迦牟尼在世之時，曾經告誡弟子：「縱使將雪山化為黃金，也無法滿足人無窮的慾望，我們應該明白這個道理，而持之以正。」

在這個功利掛帥的社會中，名與利是一個人事業成功的表徵，所以，許多人努力創造財富和地位，其中不乏有人在競逐名利的過程中迷失方向。

迷失，是因為不滿足！

人生在世，超過一半以上的困擾和煩惱，其實源自於我們以為生活不可能過

得簡單富足，正因為試圖獲得更多，試圖掌握更多，才會讓自己陷入自尋煩惱、

自作自受的心靈禁錮之中。

兩個舅甥關係的珠寶商人，相約在同一天同時出海，行前，舅舅囑咐外甥：

「這次出海，你的船不可以超越我的船，即使你發現了寶物，也要先讓我行動，

聽見沒有？」

外甥點了點頭：「聽到了！」

就這樣，兩艘船一前一後航行，不久這個外甥便發現一座荒島，島上閃爍著

許多寶光，於是他趕緊發出信號通知舅舅。

上岸後，他們果然發現許多紅色和白色的珊瑚樹及五色寶石，貪心的舅舅高

興地將這些珍寶往自己的船上搬運，直到無法載運時，才一臉不情願地讓給外甥；

外甥雖然只拿一些二次等貨，可是一點也沒有埋怨，反而笑著對舅舅說：「我有這

些二就夠了。」

船隻繼續前進，兩天後，舅舅也發現了一座美麗的島嶼，隨後還發現了一道

彩虹般的寶光，他想：「這可不能讓外甥看見！趁著海面的薄霧，我轉個彎後再

上岸，他就不會發現我了！」

上岸後，他在島上走了很久，直到天黑還未走到發出寶光的地點，正當他在

山林間進退兩難時，忽然看見樹叢中有一道燈光，便循著燈光的方向走去，不久

眼前出現了幾間茅屋。於是，他上前敲門，有位白髮老太太走了出來，並慈藹地

問：「您是誰？有什麼事嗎？」

舅舅對老太太說：「我是從遠方來的珠寶商人，想向您借宿一晚，不知道方

不方便？」

老太太笑著回答說：「當然可以，不過，我這裡沒什麼東西可以招待的，還

請您見諒！」

翌日，當他要辭別時，老太太帶了一位少女走了過來，少女的手上還捧著一

個烏黑的古盆，老太太對他說：「這是我們家傳的古盆，不知道您願不願意用一

顆珠寶交換？」

舅舅將古盆接了過來，發現這個古盆確實是件寶物，只是他捨不得用珠寶來

交換。於是，他故意地沉下了臉色，兇巴巴地說：「這什麼東西啊？竟然拿出來

沾污了我的手？」說完，他便拂袖而去，留下招待了他一夜的老太太和少女在屋

裡羞愧難過。

另一方面，外甥為了尋找舅舅的行跡，從島的另一端上岸，也正巧找到了老

太太家借歇一會。當外甥要離開前，少女對老太太說：「我們再把古盆拿出來試

試，他看起來人很好，一定比剛才那個人識貨！」

果然，當古盆展現在外甥的面前時，他便驚訝道：「老太太，這是世界罕有

的紫磨金啊！是件價值連城的寶物呢！好，我用一整船的珠寶，和您的古盆交換，

您願意嗎？」

雙方開心地交易完成後，外甥便離開了。

這時，舅舅又回到了茅屋，並且不客氣地對老太太說：「早上那個古盆呢？

快拿出來，我願意用幾粒珠寶和你交換。」

老太太冷冷地說：「那個古盆已經被一個少年買去了，他可是用一整船的珠

寶和我交換，你如果還要的話，往東邊追去吧！」

舅舅一聽，連忙追到岸邊，然而外甥的船已開得很遠了，只見他焦急地搥胸頓足，大喊著：「還我寶來，還我寶來！」

沒想到他才喊了幾聲，突然吐了一口鮮血，便暈死過去，等外甥回頭找尋時，他已經全身冰冷了。外甥看著舅舅的死狀，不禁悲從中來，哽咽道：「舅舅呀，您愛什麼我都願意給您，只是您為何要這麼貪心呢？貪圖那麼多，反而葬送了生命，值得嗎？」

作家愛默生曾經說：「一個人抱持怎樣心態，他就是怎樣的人；一個人表現出怎樣行為，他也就是怎樣的人。」

對週遭環境所採取的態度，正是一個人最好的介紹信，如果你想獲得幸福，那麼，就要先理解「退一步就是幸福」的生活哲理。

現實生活中，很多人的困擾和煩惱，都來自於貪婪、偏執與妄想。他們之所

以痛苦，並不是他們的日子不好過，而是想要獲得更多。

因為不懂得放下，他們的物慾熾盛；因為不懂得放下，他們貪得無厭。

從悲痛中，外甥深切地體會到貪婪的後果，更領悟到貪慾害人的可怕。

故事中的舅舅擁有那麼多的財富，最終卻一樣也沒有享受到；花了那麼多的

心血奪取，結果還賠掉自己的生命，值得嗎？

也許，我們應該好好地思考一番，或停下忙亂的步伐，靜下心回頭看看，在

現實世界中，我們一路與人競爭之後，到底有多少東西是真正地為我們所擁有的

呢？

生活再富裕，也比不上親情的珍貴

當父母親用大半人生體會到，即使生活再富裕，也比不上親情的珍貴與可靠時，我們難道不能儘早體會親情的無價嗎？

尼采說：「人就像一根繩索，架於人與禽獸之間。」

確實如此，我們的思維與行動，深受人性中的光明面與黑暗面所支配，一念之差，有人墜入黑暗世界的深淵；轉念之間，有人從黑暗重返光明，再次看見生命之光。

相傳，南印度有個準備嫁到鄰國的女人，在送親途中不幸被一隻雄獅擄走，最後她還與這隻雄獅生下了一男一女，雖然兩個孩子的外貌與常人無異，但性情上卻繼承了野獸的粗暴。

男孩長大後，有一天問母親說：「我究竟是動物，還是人類？」聽見兒子的疑問，母親只得將當年的情形說了一遍，沒想到男孩聽完母親的故事後，便對她說：「人與獸終究不同，您為何不離開獅子，反而選擇與牠共同生活在一起呢？」

母親回答：「我本來也想逃走，但始終都沒有機會。」

兒子聽了母親的話，從此以後便經常動要求與父親出門，目的是為了摸清山裡的路徑。終於，他們等到雄獅出遠門的機會，當雄獅前腳一踏出門後，母子三人便趁機逃出這座山林。

他們歷盡千辛萬苦，終於回到母親的故鄉，然而故鄉早已人事全非，他們只好寄居在鄰居的家中。

至於那隻雄獅，回家後發現老婆孩子們都不見了，便憤怒地下山找尋，還沿

途襲擊來往的商旅，人們為此相當恐懼。

不久，無計可施的國王貼出了懸賞告示：「如果有人能殺死這隻雄獅，便能獲得黃金萬兩。」

當兒子看見這張公告，立即回家對母親說：「以我們目前的處境，實在很需要這筆賞金，母親您覺得呢？」

母親搖了搖頭，說：「不可以，雖然你父親是隻野獸，但牠始終是你的生父，假如你把牠殺了，你又怎稱得上是人呢？」

但兒子卻反駁道：「如果我不殺牠，那牠絕對不會回到山上去，說不定還會為了尋找我們，而來到這個村莊，萬一被國王知道，我們可能會被處死啊！所以，您別阻止我了，如今牠還四處害人，我們怎能為了一己私情，而害了那些無辜的人呢？總之，我考慮過了，我還是決定要去。」

雄獅一看見兒子歸來，非常欣慰，牠溫馴地站在原地表示歡迎。

但就在這個時候，牠的兒子乘機拿出暗藏的利刃，一刀接著一刀刺進獅子的喉嚨和胸膛，只見獅子流露出慈愛的神情，忍著痛苦一動也不動，不久便氣絕身

亡。

國王聽說猛獅已經被殺，十分高興，不過他卻很好奇：「為什麼獅子突然變

得那樣溫馴？」

年輕人最初不敢說真話，經國王一再追問，他才把真相說出。

國王聽完之後，失望地說：「唉！想不到你的心腸竟然這樣狠毒，但既然我

已經公告要獎賞，當然會依照諾言給你黃金，不過你竟然狠心殺死自己的父親，

實在是一個不孝子，我國是不能容納你這樣的逆子的，你領完了賞金後，便得立

即離開本國。」

是「虎毒不食子」的轉念，也是「人不為己天誅地滅」的偏差，在現實世界

中，像這類變調親情的戲碼也一再上演，為了一己之私，流著相同血液的親人，

卻無情撕裂、徹底毀滅，怎不令人唏噓！

不論是從人性面去探討，還是從百善孝為先的道理上來勸說，善與惡、孝與

不孝的選擇權都在我們的手中，而且一切只需我們的一個轉念。

當父母親用大半人生體會到，即使生活再富裕，也比不上親情的珍貴與可靠時，我們難道不能儘早體會親情的無價嗎？

無論世界怎樣改變，對於父母的第一懷胎守護恩，是所有為人子女們都絕不能抹滅的。

你在黑夜中閃耀

YOU SHINE
IN THE DARK NIGHT

陪你走完愛的最後一里路

或許我們所愛的每一個人、每一件事，有一天都會離我們而去，
但是相愛過的痕跡，卻會以各樣的形式停留在我們身上。

再長的夜，再深的黑，你在黑夜中閃耀。

暢銷愛情作家
黎詩彥

將偏執放下，
快樂就在腳下

該放下的時候就放下 全集

Just let it go

千江月＝編著

但丁曾經寫道：「塵世的稱頌只是一陣風，一時吹到東，一時吹到西，
改變了方向就改變了名稱。」
確實如此，人生在世，為了那些可有可無的名聲、地位、財富而執著，是很可笑的事。
許多事情，該放下的時候就要放下，如此你便會發現，其實快樂就在自己的腳邊。

別用負面的心情，看待負面的事情

作　　者　凌　越
社　　長　陳維都
藝術總監　黃聖文
編輯總監　王　凌
出 版 者　普天出版家族有限公司
　　　　　新北市汐止區康寧街 169 巷 25 號 6 樓
　　　　　TEL / (02) 26921935 (代表號)
　　　　　FAX / (02) 26959332
　　　　　E-mail：popular.press@msa.hinet.net
　　　　　http://www.popu.com.tw/
　　　　　郵政劃撥 19091443 陳維都帳戶
總 經 銷　旭昇圖書有限公司
　　　　　新北市中和區中山路二段 352 號 2F
　　　　　TEL / (02) 22451480 (代表號)
　　　　　FAX / (02) 22451479
　　　　　E-mail：s1686688@ms31.hinet.net
法律顧問　西華律師事務所‧黃憲男律師
電腦排版　巨新電腦排版有限公司
印製裝訂　久裕印刷事業有限公司
出 版 日　2019 (民 108) 年 2 月第 1 版
I S B N◉978-986-389-596-1　　　條碼 9789863895961
Copyright◎2019
Printed in Taiwan, 2019 All Rights Reserved

國家圖書館出版品預行編目資料

別用負面的心情，看待負面的事情／

凌越著.—第 1 版.— ：新北市,普天出版

民 108.4 面；公分. - (生活良品；06)

I S B N◉978-986-389-596-1 (平裝)

生活良品

06